MERIAN *momente*

SINGAPUR

EBERHARD HOMANN
KLAUDIA HOMANN

Zeichenerklärung

- barrierefreie Unterkünfte
- familienfreundlich
- Der ideale Zeitpunkt
- Neu entdeckt
- Faltkarte

Preisklassen

Preise für ein Doppelzimmer mit Frühstück:

€€€€ ab 290 S$ €€€ ab 220 S$
€€ ab 120 S$ € bis 120 S$

Preise für ein dreigängiges Menü:

€€€€ ab 50 S$ €€€ ab 30 S$
€€ ab 15 S$ € bis 15 S$

SINGAPUR ENTDECKEN 4

Mein Singapur 6
MERIAN TopTen 10
MERIAN Momente 12
Neu entdeckt 16

SINGAPUR ERLEBEN 20

Übernachten 22
Essen und Trinken 26
Grüner reisen 30
Einkaufen 34
Im Fokus – Einkaufsparadies Singapur 38
Kultur und Unterhaltung 42
Feste feiern 46
Mit allen Sinnen 50
Im Fokus – Garden City Singapur 54

SINGAPUR ERKUNDEN 58

Einheimische empfehlen 60
Stadtteile
Kampong Glam: Rund um die
Arab Street 62
Little India 68
Colonial District und Marina Bay 76
Im Fokus – Sir Stamford Raffles 86
Chinatown 90
Orchard Road und River Valley 98
Im Fokus – Singapur, der Überwachungsstaat 106
Nicht zu vergessen! 110
Museen und Galerien 114
Spaziergang: Historische Entdeckungen in der Mega-City 120

DAS UMLAND ERKUNDEN 128

Kusu, St. John's Island und Pulau Ubin 130
Ausflug nach Johor Bahru 132
Im Naturparadies Borneo in Malaysia 134

SINGAPUR ERFASSEN 136

Auf einen Blick 138
Geschichte 140
Kulinarisches Lexikon 146
Service 148
Orts- und Sachregister 155
Impressum 159
Singapur gestern & heute 160

KARTEN UND PLÄNE

Übersichtskarte Singapur
.... Klappe vorne
MRT-Linienplan .... Klappe hinten
Kampong Glam/Arab Street 65
Little India 71
Colonial District 78–79
Chinatown 93
Orchard Road/River Valley
District 100–101
Sentosa 113
Spaziergang 123
Singapur und der Süden
Westmalaysias 133

David und Goliath: Colonial District (▶ S. 76) mit Blick auf den Central Business District.

SINGAPUR ENTDECKEN

MEIN SINGAPUR

Die Mischung aus fernöstlicher und westlicher Kultur ist in Singapur so perfekt organisiert, dass auch der Asien-Neuling sich rasch zurechtfindet. Auf engstem Raum vereinen sich hypermoderne Bauformen mit dem Erbe der unterschiedlichen Kulturen.

»Wenige Orte sind für einen Reisenden aus Europa interessanter als die Stadt und Insel Singapur, da sie ein Musterbeispiel ist für die Mannigfaltigkeit der östlichen Rassen, für viele verschiedene Religionen und Sitten«, schrieb bereits 1869 der Naturforscher Alfred Russel Wallace.

DIE LÖWENSTADT VON EINST

Traditionelles konnte weitgehend bewahrt bleiben. Überall in der Mega-City stößt man auf das Erbe der unterschiedlichen Kulturen. Verschwunden hingegen war (zumindest aus dem Stadtkern) lange Zeit die Natur. Statt Urwaldriesen recken sich heute hypermoderne Hochhäuser in den Himmel. Wo man sich früher nur mit der Machete seinen Weg durch den

◄ Oase der Ruhe: der kleine Teeladen in der
Shoppingmall ION Orchard (▶ S. 35).

Dschungel bahnen konnte, durchziehen breite Highways die City. Moderne Schnellbahnen (MRT) verkehren rund um die Uhr zwischen den verschiedenen Stadtteilen und den Außenbezirken, um die Bewohner und die jährlich über zehn Millionen Touristen zu transportieren. Natürlich ist das immer noch so, aber Lee Kuan Yews Idee von der »Garden City« nimmt immer mehr Gestalt an. Überall sprießt und grünt es, exotische Gewächse verwandeln Betonfassaden in ansehnliche grüne Oasen und viele lange isolierte Bauminseln werden zunehmend wie mit einem grünen Band verknüpft, sodass Besucher und Bewohner selbst entscheiden können, ob sie sich lieber in der sterilen Welt der klimatisierten Verbindungstunnel durch die Stadt bewegen oder zwar schwitzen, aber dafür inmitten üppigen Grüns.

HISTORIE, NATUR UND JEDE MENGE LUXUS

Den Besucher erwartet viel Sehenswertes, von den überall vorhandenen historischen Elementen über die vielfältige Flora und zuweilen beobachtbare Fauna in den Landschaftsparks und Dschungelreservaten bis hin zu den modernen Shopping-Komplexen und Flaniermeilen. Eines dieser Glanzstücke ist die Orchard Road, die im Begriff ist, zur schönsten Einkaufsmeile der Welt zu avancieren, doch stetig kommen neue Shopping-Attraktionen hinzu, so wie die Mall des Marina Bay Sands Hotels.

All diese Vorzüge, gepaart mit Sauberkeit und Perfektionismus, sind seit Jahren das Markenzeichen des Stadtstaates, der mit über fünf Millionen Menschen (Chinesen, Malaien, Inder und Europäer) nicht nur bemüht ist, eine moderne Großstadt, sondern der Welt möglichst einen Schritt voraus zu sein. Neben so ehrgeizigen Projekten wie dem, die gesamte Stadt zu einer »wireless«-Zone werden zu lassen, in der man zu jeder Zeit und an jedem Ort mit elektronischen Medien online gehen kann, gehört dazu aber auch der respektvolle Umgang der ethnischen Gruppen miteinander.

KULTURELLER SCHMELZTIEGEL

Die Bewohner haben ihre kulturellen Eigenheiten, ihre eigenen Sprachen (es gibt in Singapur vier Amtssprachen), ihre speziellen kulinarischen Gewohnheiten und nicht zuletzt ihre eigenen, durch die jeweilige Kultur geprägten Stadtviertel (z. B. Little India, Chinatown, Arab Street). Doch so verschieden die Kulturen der Menschen hier auch sein mögen, der Stolz auf ihre Stadt/ihren Staat ist überall sichtbar. Und allen Sprachunterschieden zum Trotz haben sie auch eine gemeinsame Sprache, die vor allem von der chinesischen Bevölkerung verwendet wird: Singlish. Dies ist fast Englisch, aber eben nur fast. Man verwendet einfachere Satzkonstruktionen und hängt oftmals zur Betonung der Bedeutung ein »lah« an, »understand lah?« und gerne macht man wenige Worte, sodass ein simples »can« so viel bedeutet wie »Genau so wird das gemacht« oder »Das kann ich so machen!«, während das knappe »can not« eben das Gegenteil bezeichnet. Wer jetzt mehr darüber lernen möchte, schaut auf www.singlishdictionary.com nach.

FARBENFROH, EXOTISCH, LUXURIÖS

Besucher können wählen, ob sie in einfachen, sauberen Unterkünften für wenige Singapur-Dollar nächtigen oder den Luxus der weltbesten Hotels genießen möchten. Man findet international renommierte Gourmetküchen, erhält aber auch einfache asiatische Gerichte in »food courts« – und speist immer hygienisch einwandfrei. Wer mag, kann stundenlang dem Luxus-Shopping frönen und danach, nur wenige Straßen entfernt, auf asiatischen Märkten bunte Stoffe oder exotische Gewürze erstehen. Doch wo immer man wohnen oder essen mag, die Bewohner der Stadt achten stets auf ihr Äußeres – und erwarten dies auch von Gästen. Sie brauchen nun nicht ständig Sakko und Anzugschuhe zu tragen, aber es ist auch eher unpassend im Tanktop oder mit Badelatschen auf Besichtigungstour zu gehen (obwohl man auch dies leider immer wieder sehen kann). »Smart casual« ist stets die richtige Devise.

ÜBERWACHUNG UND VISIONEN

Den Schritt vom »Mini«-Staat in Südostasien hin zum Vorzeigeland einer boomenden Region hat man aber auch teuer erkauft. Nicht nur der Fleiß der Bevölkerung hat zu der eindrucksvollen Entwicklung beigetragen, sondern auch eine Politik, die vieles reglementiert und Fehlverhalten bestraft (hat). So gibt es in Singapur eine Fülle von Ver- und Geboten, die andernorts für Kopfschütteln sorgen und über die man überall informiert wird. Deshalb gibt es schon seit längerer Zeit T-Shirts mit Aufdrucken von Verbotsschildern und dem Slogan »Singapore is a fine City«, wobei man mit dem englischen Wort »fine« spielt, das einerseits »schön« bedeutet, andererseits aber auch »Strafe«. Doch was einerseits ein »Big Brother«-Gefühl entstehen lässt, zeitigt andererseits deutliche Erfolge: Statt des Smogs, wie er in anderen asiatischen Großstädten üblich ist, gibt es in Singapur kaum Luftverschmutzung, der Verkehr verläuft geordnet, die Straßen sind sauber, und Kriminalität ist nicht sehr verbreitet.

Ehrgeizige Tourismusprojekte mit künstlich angelegten Stränden, Fun-Attraktionen, exklusiven Shoppingmöglichkeiten und internationalen Events, von denen das Formel-1-Nachtrennen nur eines ist, sollen die Besucherzahl weiter steigern. Reicht für solche ehrgeizigen Projekte einmal nicht der vorhandene Platz aus, baut man eben an – in Singapur wird auf diese Weise schnell mal Land dem Meer abgerungen um darauf eine neue Hotelanlage mit Museen und Shoppingmall sowie einen neuen »grünen« Traum Wirklichkeit werden zu lassen: der Gardens by the Bay. Glaubt man nun, dies alles geschehe auf Kosten der Umwelt, so irrt man gewaltig, denn schon 1992 rief die Regierung einen ersten »Green Plan« ins Leben, der schon damals das ehrgeizige Ziel hatte, verantwortlich mit den Ressourcen umzugehen. Danach gab es mehrfach Verbesserungen an dem Plan, zuletzt 2012, der nun vor allem die Nachhaltigkeit in den Fokus nimmt. Dazu gehören u.a. auch Projekte wie die Möglichkeit, Strom mit erneuerbaren Energien zu versorgen (ein gutes Beispiel sind die Kollektoren im Gardens by the Bay) sowie die Begrünung von Dächern und Fassaden zur Reinhaltung der Luft.

AM PULS DER ZEIT

Und Singapur steht nie still. Hat man bei einem Besuch gerade die letzten Neuigkeiten gesehen, tauchen schon neue Ideen auf, die kurze Zeit später schon in die Realität umgesetzt worden sind. Was bleibt, sind nur die Menschen, die mit ihrer Gelassenheit alle Baumaßnahmen ertragen (»no/big problem lah«) und dann aber auf ihren Staat zu Recht stolz sind. So lohnt es sich, die Stadt nicht nur einmal zu besuchen, sondern immer wieder. So wie wir. Und auch wir entdecken immer wieder Neues und erliegen so immer wieder aufs Neue der Faszination der »Löwenstadt«.

DIE AUTOREN

Klaudia und Eberhard Homann bereisen Südostasien seit 1983, ab 1992 verstärkt durch ihre Tochter. Singapur ist jedes Jahr Dreh- und Angelpunkt der Reisen, die sie vor allem in die Regenwälder und Korallenriffe der Region führen. In den letzten Jahren haben sie zudem viele Studentengruppen in die Faszination Singapurs und der angrenzenden Staaten eingeführt.

MERIAN TopTen

Diese Höhepunkte sollten Sie sich bei Ihrem Besuch auf keinen Fall entgehen lassen: Ob das altehrwürdige Raffles Hotel, die Flaniermeile Orchard Road, der Nachtzoo oder die Insel Sentosa – MERIAN präsentiert Ihnen hier die wichtigsten Sehenswürdigkeiten Singapurs.

1 Raffles Hotel
Die Grand Old Lady im kolonialen Viertel zählt zu Recht zu den besten (und teuersten) Hotels der Welt (▶ S. 24, 52, 77, 81).

2 Bukit Timah Nature Reserve
Tropischer Regenwald und schweißtreibende Wanderungen erwarten Sie in diesem herrlichen Naturpark (▶ S. 32, 139).

3 The Shoppes at Marina Bay Sands
Eine exklusive Shoppingmall mit venezianischem Flair lädt am neuen Marina Bay Sands Hotel ein (▶ S. 36, 126).

4 Boat Quay und Clarke Quay
Essstände und Musikbars säumen die Ufer des Singapore River, wo abends das Leben nur so pulsiert (▶ S. 13, 44, 45, 61, 76, 82, 83).

5 Esplanade – Theatres on the Bay
Wie riesige Insektenaugen muten die beiden Kuppeln der Konzert- und Theaterhalle am River an (▶ S. 78, 126).

6 Merlion
Das Wasser speiende Fabelwesen – halb Meerjungfrau, halb Löwe – ist das Maskottchen der Stadt (▶ S. 53, 77, 80, 127).

⭐7 Orchard Road

Die glitzernde und wohl niemals ruhende, über 2 km lange Shoppingmeile übt auf viele Besucher eine magische Anziehungskraft aus (▶ S. 35, 98, 101, 121).

⭐8 Mount Faber

Vom Plateau des 106 m hohen Hügels im Süden der Insel bietet sich ein atemberaubender Blick auf Stadt und Hafen (▶ S. 18, 19, 112).

⭐9 Night Safari

Im einzigartigen Nachtzoo kann man nachtaktive Tiere – mehr als 100 Tierarten – in ihrem »normalen« Umfeld erleben (▶ S. 111).

⭐10 Sentosa

Naherholungsgebiet und Touristenattraktion zugleich: Museen, Naturerlebnisse und jede Menge Freizeitspaß locken auf die 395 ha große Insel im Süden. Eine Drahtseilbahn führt vom Mount Faber zur Insel (▶ S. 15, 112).

MERIAN Momente
Das kleine Glück auf Reisen

Oft sind es die kleinen Momente auf einer Reise, die am stärksten in Erinnerung bleiben – Momente, in denen Sie die leisen, feinen Seiten der Stadt kennenlernen. Hier geben wir Ihnen Tipps für kleine Auszeiten und neue Einblicke.

1 Roti Prata – das authentische Gericht Singapurs
nördl. F 1

Zum Besuch einer exotischen Stadt gehören sicherlich auch Erfahrungen mit neuen Gerichten. Nicht immer ist dies eine angenehme Erfahrung, aber ein »prata« in Singapur kann jedem nur gut schmecken. Einen authentischen Genuss erleben Sie im Thasevi, dem Synonym für »jalan kayu prata«, einem Lieblingsziel für Einheimische. Hier bekommt man für wenig Geld einen knusprigen »prata«-Fladen mit würzigem Curry. Gegessen wird mit der Hand oder Löffel und Gabel, man tunkt kleine »prata«-Stücke in das Curry und genießt die würzige Schärfe, den locker-knusprigen Teig und das bunte Treiben rundherum.

Seletar | Thavesi, Jalan Kayu 237 & 239 | Bus 162 A ab Orchard Road bis Ang Mo Kio, dann Bus 86 | Tel. 64 81 15 37 | tgl. 24 Std.

2 On Top of Singapore
E 4

Singapur von ganz oben, das muss man gesehen haben. Am schönsten gelingt das aus dem 71. Stockwerk des Swissôtel. Reservieren Sie einen Tisch, werfen Sie sich in ein »Smart casual«-Outfit und gönnen Sie sich neben einem Drink in der Bar einen spektakulären Blick über die Stadt. Und sollten Sie das Gefühl haben, der Boden neige sich zur komplett verglasten Fassade hin und zöge Sie fast Richtung Fensterfront, so liegt dies nicht an dem leckeren Cocktail, sondern an dem tatsächlich so konstruierten Boden, der genau diesen Eindruck erwecken will. Etwas Spaß muss sein!

Raffles | Swissôtel The Stamford, 2 Stamford Rd., Raffles | MRT: City Hall | www.swissotel.com | So–Di 17–1, Mi, Do 17–2, Fr, Sa 17–3 Uhr, Happy Hour tgl. 17–21 Uhr

3 Raffles Landing Site – ein kleiner Schritt zurück in der Zeit E4

Genießen Sie die Idylle am Abend an der Raffles Landing Site. Hier soll Sir Stamford Raffles im Januar 1819 an Land gegangen sein, und deshalb steht hier sein Denkmal. Mittlerweile hat sich zwar vieles geändert, aber der Fluss strahlt immer noch Ruhe aus, selbst das Geklapper von Geschirr und Gläsern vom gegenüberliegenden Boat

Quay ⭐ stört kaum. Hier kann man unter den Bäumen vor dem Asian Civilisation Museum sitzen und ein wenig »Alt-Singapur« auf sich wirken lassen. Dies ist vor allem am Abend stimmungsvoll, wenn im Licht der untergehenden Sonne die Skulpturen, die Szenen aus der Vergangenheit darstellen, fast wieder zum Leben erwachen. Dann scheinen die Kulis wirklich schwere Lasten zu schleppen, und weiter hinten an der Cavenagh Bridge scheinen Kinder voller Freude ins Wasser zu springen.

Marina Bay | Raffles Landing Site | Marina Bay | MRT: Marina Bay

4 Sri Veerama Kaliamman Tempel – barfuß den Göttern nähertreten E2

Ziehen Sie Ihre Schuhe aus und stellen Sie sie ins Regal am Sri Veeramakaliamman Temple an der Serangoon Road. Das 1860 fertiggestellte Bauwerk mitten im indischen Viertel soll die Göttin Kali ehren, die als Zerstörerin mit blutverschmierten Zähnen als Statue den Besucher anschaut, während sie zugleich als Göttin der Erneuerung gilt. Brauchen Sie Glück, dann umrunden Sie in einer ungeraden Zahl

im Uhrzeigersinn den Hauptschrein, möchten Sie nur Eindrücke sammeln, so halten Sie sich im Hintergrund und betrachten das Prozedere beim Betreten: Schuhe aus, Glocken läuten, Kokosschale brechen, vor der Gottheit verneigen und Räucherstäbchen verbrennen.

Little India | 141 Serangoon Rd. | MRT: Little India | www.sriveeramakaliam man.com | tgl. 8–12.30, 16–20.30 Uhr

5 Marina Promenade – Sunset am Wasser F5

Sonnenuntergänge haben immer etwas Magisches an sich, auch in einer Metropole wie Singapur. Gehen Sie gegen 18.30 Uhr zum Esplanade Theatre an der Marina Bay und setzen Sie sich auf die Stufen, entweder an der Marina Promenade oder am Esplanade Outdoor Theatre. Sie spüren die kühlende Brise von der Bucht her, leise tuckern Ausflugsboote übers Wasser, im Süden ragen die Türme des Marina Bay Sands in den Himmel, und im Westen versinkt die Sonne langsam als glutroter Ball hinter den Wolkenkratzern der internationalen Banken.

Marina Bay | Marina Promenade | MRT: Marina Bay

6 Lichtspektakel am Marina Bay Sands Hotel F5

Jeden Abend gibt es am Marina Bay Sands Hotel zwei bis dreimal eine tolle etwa 15-minütige Lasershow mit musikalischer Untermalung. Statt unmittelbar in der Menge am Hotel zu stehen, erlebt man diese Show am schönsten von der Brücke des Esplanade Drive, die den Singapore River an der Mündung in die Bay überspannt. Lehnen Sie sich an das Geländer der Brücke und genießen Sie: Eine warme Brise weht über die Bucht, im Hintergrund illuminieren Laserstrahlen Himmel und Wasser, und mit der Brise und dem Duft der Bougainvilleen, die die Brücke schmücken, dringt leise und unaufdringlich die begleitende Musik zu Ihnen. Ein perfektes Plätzchen für einen Abendspaziergang.

Marina Bay | Esplanade Drive Bridge | MRT: Marina Bay

7 Naturerlebnis im Botanischen Garten ▶ Klappe vorne, c 4

Abschalten, relaxen, träumen, wo geht das besser als in der Natur? Rüsten Sie sich mit einem kühlen Drink, einem »coffee to go« oder einfach nur mit einer Flasche Wasser aus, und wandeln Sie auf den Wegen des riesigen Botanischen Gartens durch ein ganz anderes Singapur. Statt Fahrzeugen und Hochhäusern finden Sie hier Vögel, Reptilien, riesige Schatten spendende Bäume, Orchideen und andere tropische Gewächse.

Orchard Road | Cluny Road | MRT: Botanic Gardens oder Orchard und ca. 15 Min. zu Fuß | www.sbg.org.sg | tgl. 5–24 Uhr | Eintritt frei, Orchideengarten 5 S$

8 Tauchen mit den Haien im Underwater World Aquarium
▶ Klappe vorne, c 5

Egal ob man Taucher mit Zertifikat ist oder nicht, man braucht schon ein wenig Mut, um zu den Haien im Underwater World Aquarium ins Becken zu steigen. Durch einen 83 m langen durchsichtigen Tunnel aus Acrylglas geht es zu einem Spaziergang auf den Meeresboden hinab. Doch keine Angst: Sie werden ja von einem »dive guide« begleitet, der Ihnen nach einer kurzen Einweisung einen intensiven Einblick in das Leben dieser (oft gefürchteten) Bewohner der Weltmeere gibt. Die 90-minütige Expedition in die Unterwasserwelt ist zwar mit 120 S$ nicht gerade günstig, aber auf jeden Fall ein echter Nervenkitzel und ein unvergessliches Erlebnis. Und wen beim Thema Haie die Courage verlassen hat: Es gibt auch eine Delfinlagune!
Sentosa, 80 Siloso Rd. | www.underwaterworld.com.sg | tgl. 10–19 Uhr | Eintritt (Underwater World und Delfinlagune) 29,90 S$, Kinder (erst ab 12 Jahren und in Begleitung eines Erwachsenen) 20,60 S$

9 Singapore Art Museum – Kunst gibt's freitags immer gratis
E3

In diesem Museum kann man zunächst die Architektur der ehemaligen St. Joseph's School bewundern, die die erste katholische Knabenschule der Stadt war. Mittlerweile finden Kunstliebhaber hier über 5000 Exponate zeitgenössischer Künstler aus der Region, aber auch internationale Werke. Am besten ist die Tatsache, dass man in diesen Genuss freitagabends gratis kommt. Nach dem Besuch kann man durch die Innenhöfe (ehemalige Schulhöfe) wandeln, ein Andenken im Museumsshop kaufen oder es sich im Dome Café (So–Do 8.30–22.30, Fr, Sa 8.30–23 Uhr) gemütlich machen.
Raffles | 71 Bras Basah Rd. | MRT: City Hall, Dhoby Ghaut | Tel. 65/63 32 32 22 | www.singaporeartmuseum.sg. | tgl. 10–19, Fr bis 21 Uhr | Eintritt 10 S$, Fr ab 18 Uhr gratis

NEU ENTDECKT
Darüber spricht ganz Singapur

Singapur befindet sich stetig im Wandel, Sehenswürdigkeiten werden eingeweiht, es gibt neue Museen, Galerien und Ausstellungen, Restaurants und Geschäfte eröffnen, und ganze Stadtviertel gewinnen an Attraktivität, die Stadt verändert ihr Gesicht. Hier erfahren Sie alles über die jüngsten Entwicklungen – damit Sie keinen dieser zurzeit angesagten Orte verpassen.

◀ Hochwasserschutz und Freizeitmeile zugleich: der Marina-Barrage-Damm (▶ S. 17).

SEHENSWERTES

ION Sky B2

Von der 55. und 56. Etage des ION-Gebäudes an der Orchard Road hat man einen tollen 360-Grad-Blick über diese Einkaufsmeile. Man fährt aber nicht nur in dieses Stockwerk hoch, sondern beginnt die »Reise« im vierten Stock, in der ION Art Gallery. Von hier geht es mit dem Expresslift durch die »Wolkendecke« nach oben. Unterwegs und oben gibt es Interessantes über die Entwicklung von Wolken zu lernen, für den guten Durchblick sorgen Teleskope.

Orchard Road | 2 Orchard Turn | MRT: Orchard | www.ionsky.com.sg | tgl. 10–12 und 14–20 Uhr | Eintritt 16 S$, Kinder 8 S$

Marina Barrage B3

Ganz neu und mit dem Ziel, Singapur zu einem Vorzeigemodell von Nachhaltigkeit werden zu lassen, präsentiert sich der Marina-Barrage-Komplex. Dabei handelt es sich um einen großen Damm, der zwischen Flussmündung und Meer das Wasser der Marina Bay auf 10 000 ha eindämmt. Auf der einen Seite kann man so Frischwasser – in diesem Fall Süßwasser – am Abfluss ins Meer hindern und hat auf der anderen Seite zugleich einen effektiven Hochwasserschutz errichtet.

Zur Gesamtanlage gehört auch die Sustainable Singapore Gallery. In diesem Informationszentrum gibt es eine hervorragende Multivisionsshow und -ausstellung zum Thema »Nachhaltigkeit« und Entwicklung in Singapur. Spielerisch kann man sich hier informieren, wie eine grünere Zukunft möglich ist. Selbstverständlich gibt es dazu auch viele praktische Beispiele wie das komplett begrünte Dach des Ausstellungsgebäudes.

Marina Bay | 8 Marina Gardens Drive | MRT: Marina Bay, dann weiter mit Taxi oder SBS Bus 400 | Tel. 65 14 59 59 | www.pub.gov.sg | Mi–Mo 9–21 Uhr | Eintritt frei

River Safari ▶ Klappe vorne, c 4

Die neueste Sehenswürdigkeit für Natur- und Tierliebhaber gehört zum Bereich des Zoos bzw. der Night Safari. Bei der River Safari erlebt man im Gebiet zwischen den beiden Zoos, unmittelbar an das Wasser grenzend, die großen Flüsse der Erde mit ihrer einzigartigen Tierwelt. In riesigen Aqua-

rien und Terrarien sind Mississippi, Kongo, Nil, Ganges, Murray, Mekong und Yangtze »nachgebaut« worden. Da fehlt eigentlich nur der Amazonas, aber den kann man bei einer speziellen Bootstour noch echter erleben.

Mandai/Seletar | 80 Mandai Lake Rd. | MRT: Chao Chu Kang, dann Bus 171 bis Mandai Rd. und Bus 927 bis Mandai

Lake Rd. | www.riversafari.com.sg | Tel. 62 69 34 11 | tgl. 9–18 Uhr | Eintritt 25 S$, Kinder 8 S$, zusätzlich Amazonas-Safari 5 S$, Kinder 3 S$

MUSEEN UND GALERIEN
Live Turtle & Tortoise Museum
▶ Klappe vorne, b 3

In diesem Museum kann man Hunderte von Land-, Wasser- und Sumpfschildkröten der Welt bestaunen und

interessante Details aus ihrem Leben erfahren. Besonders reizvoll sind die Fütterungen und der Streichelzoo.
Jurong | 1 Chinese Garden Rd. | MRT: Chinese Garden | www.turtle-tortoise.com | Tel. 62 68 53 63 | tgl. 9–18 Uhr | Eintritt 5 S$

ESSEN UND TRINKEN
RESTAURANTS
Blue Ginger
D 6

Wie anno dazumal – Das Restaurant ist sehr stylish, und das obwohl man hier die traditionellen Gerichte der Peranakan bekommt. Dazu zählt u. a. die Verwendung der Durian, deren Fruchtfleisch köstlich schmeckt. Man sollte unbedingt ein wenig Platz für ein »gula melakka«-Dessert lassen!
Chinatown | 97 Tanjong Pagar Rd. | MRT: Tanjong Pagar | www.theblueginger.com | Tel. 62 22 39 28 | tgl. 12–14.30 und 18.30–22.30 Uhr | €€€

Salt Grill & Sky Ba
B 2/3

Toller Ausblick – Im ION Sky kann man sehr gute Cocktails in der Sky Bar genießen. Wer hier gern zu Mittag oder Abend essen möchte, findet im Salt Grill leckere Grillspezialitäten aus Asien und dem Westen.
Orchard Road | 2 Orchard Turn | MRT: Orchard | www.saltgrill.com | Tel. 65 92 51 18 | tgl. 11–14 und 18–22 Uhr, Bar tgl. 18–23.30 Uhr | €€–€€€

Spuds & Aprons
westl. A 6

Maritimes Ambiente – Hier werden köstliche Gerichte aus dem Fernen Osten und den westlichen Küchen aufgetischt. Dazu hat man einen herrlichen Blick über den Mount Faber, Sentosa und das Meer, das vor allem abends durch die zahllosen Schiffe vor der Küste und im Hafen malerisch illuminiert ist.
Mount Faber | 109 Mount Faber Rd. | MRT: Harbour Front und weiter mit Cable Car | www.mountfaber.com.sg | Tel. 63 77 96 88 | So–Mi 11–23, Do bis 0.30, Fr, Sa bis 2 Uhr | €€€

TEESTUBE
Tea Chapter
D 5

Hier kann man noch klassische chinesische Teezeremonien erleben oder einfach nur eine Tasse guten Tee, manche sagen den besten Tee der Stadt, genießen.
Chinatown | 9–11 Neil Rd. | MRT: Outram Park | Tel. 62 26 11 75 | www.teachapter.com | tgl. 11–22.30 Uhr | €€

BARS

Manhattan Bar　　🚩 A2
Klassische amerikanische Cocktailbar. Auf der Karte findet man auch internationale Spitzenweine.
Orchard Road | The Regent, 1 Cuscaden Rd. | MRT: Orchard oder Taxi | www.regenthotels.com/en/singapore/cuisine/manhattan | tgl. 17–1 Uhr, Happy Hour Mo–Fr 17–19 Uhr

EINKAUFEN

Pasar Bella Market　　▶ Klappe vorne, c 3
Im Bereich des Bukit Timah gibt es diesen großen Markt, auf dem man neben allerlei landwirtschaftlichen Produkten auch zahlreiche Souvenirs (teilweise essbar) finden kann. Wer sofort Hunger bekommt, sollte es sich nicht entgehen lassen, an einem der vielen Essstände die Köstlichkeiten zu probieren.
Bukit Timah | 200 Turf Club | Bus: 174 vom YMCA bis Sixth Ave. Ctr. oder Taxi | www.pasarbella.com | tgl. 9.30–19 Uhr

AKTIVITÄTEN

Southern Ridges　　▶ Klappe vorne, c 4
Auf den Höhen der südlichen Hügel findet man noch heute einen dichten Sekundärwald, den heute zahlreiche Trails durchziehen, auf denen man vor allem die Pflanzenwelt erkunden kann. Auch Tiere lassen sich hier immer mal wieder blicken: in erster Linie Insekten (allen voran Mücken), aber auch bunte Vögel und Reptilien. Auf festen Brücken kann man stellenweise hoch in den Baumwipfeln wandern und erhält einen völlig anderen Blickwinkel auf den Regenwald. Sehenswert ist auch die wellenförmige Fußgängerbrücke Hendersons Waves mit 274 m Länge.
Mount Faber | Henderson Rd. | MRT: Telok Blangah oder Harbourfront und weiter mit einem der Busse (z. B. 10, 30 oder 57) zum Sheah Im Food Center | www.nparks.gov.sg | 24 Std. tgl.

🚩 Weitere Neuentdeckungen sind durch dieses Symbol gekennzeichnet.

Die Southern Ridges (▶ S. 19) – ein 9 km langer Waldgürtel – durchziehen mehrere Wege, die teilweise auf Brücken oder Stelzen in luftiger Höhe verlaufen.

Traumblick und exquisites Seafood: Das Restaurant Equinox (▶ S. 29) hat beides!

SINGAPUR ERLEBEN

ÜBERNACHTEN

Asiatischer Charme, internationaler Luxus, Service der Spitzenklasse und exklusive Wellnessangebote sind der Grund, weshalb die Hotels der Stadt seit Jahren zu den besten der Welt gehören.

Singapur war nie ein billiges Reiseziel, wenngleich es bis vor wenigen Jahren noch möglich war, in kleinen Hotels im Bereich der Bencoolen Street für wenige Singapore Dollar ein einfaches Zimmer mit Ventilator zu bekommen. Doch diese Zeiten sind vorbei.

Die alten Gebäude, in denen sich früher die kleinen und preiswerten Hotels befanden, wurden nach und nach abgerissen oder luxussaniert – schön fürs Auge, ungünstig für weniger betuchte Singapur-Besucher. Dafür entstanden überall Hotelpaläste, die keinen Wunsch unerfüllt lassen.

UNTERKÜNFTE FÜR DEN BUDGET-TOURISTEN

Trotz allem gibt es immer noch Billigunterkünfte, einige sogar mit recht guter Ausstattung (mit Klimaanlage und eigenem Bad). Solche Informationen erfahren Sie aber meist über Mund-zu-Mund-Propaganda.

◀ 1929 (▶ S. 23): ein Shophouse Baujahr 1929, heute ein Vier-Sterne-Boutiquehotel.

Manchmal werden Neuankömmlinge auch am Bahnhof oder Flughafen darauf angesprochen. Viele dieser günstigen Unterkünfte haben sich in Little India und dem Bereich der Arab Street entwickelt und bieten dann auch noch ein authentischeres Flair als die Luxushotels im Zentrum.

FRÜH BUCHEN LOHNT SICH

Grundsätzlich gilt in Singapur die Devise: Je frühzeitiger man bucht, desto besser sind die Preise (sogar für Luxushotels). Während der Hochsaison (europäische Sommermonate) oder zu besonderen Festen (Nationalfeiertag, Thaipusam etc.) kann es zu Engpässen kommen. In der Zeit der Formel-1-Weltmeisterschaft explodieren die Preise.

Im Preis, der sich stets auf ein DZ mit Frühstück bezieht, ist die Benutzung des Swimmingpools (wenn vorhanden) enthalten, oft gehören auch ein persönlicher Safe sowie eine Kaffeemaschine und täglich nachgefüllter Kaffee für zwei Personen zum Angebot.

Stopover-Angebote der Fluggesellschaften bieten sehr günstige Konditionen auch für bessere Hotels. Bei Singapore Airlines (www.singaporeair.com) kann man schon ab 13 €/Person/Doppelzimmer buchen.

BESONDERE EMPFEHLUNGEN

1929 D5

Angesagt und cool – Nicht groß und exklusiv, dafür hip und trendy. Die Zimmer in dem ehemaligen »shophouse« sind klein und funktional, und statt einem Pool gibt es auf der Terrasse nur einen Whirlpool, dafür alles im historischen Ambiente. Und dann noch der Stuhltick des Besitzers, der weltweit sammelt.

Chinatown | 50 Keong Saik Rd. | MRT: Outram Park | Tel. 63 47 19 29 | www.hotel1929.com | 32 Zimmer | €€

Conrad Centennial F3

Gediegene Eleganz – Elegantes Hotel inmitten des emsigen Marina-Bereichs. Die Zimmer sind exquisit eingerichtet, der Service perfekt. Der Gast wird mit einer Mischung aus asiatischer Kultur und westlichem Luxus verwöhnt.

Marina Bay | Marina Square | 2 Temasek Blvd. | MRT: Promenade | Tel. 63 34 88 88 | www.conradhotels.com | 534 Zimmer | ♿ | €€€€

Four Seasons Hotel Singapore B2

Ruhige Lage – Beeindruckend ist die Sammlung asiatischer Kunst, die in allen öffentlichen Bereichen aber auch in den Zimmern gezeigt wird. An den zwei Pools gibt es persönliche Betreuung und individuelle Fitnessberatung. Hier befindet sich auch der einzige

öffentliche »floatation tank« (zur Entspannung »schweben« Sie auf Salzlake). Hervorragender Zimmerservice ist selbstverständlich.
Orchard Road | 190 Orchard Blvd. | MRT: Orchard | Tel. 67 34 11 10 | www.fourseasons.com | 254 Zimmer | ♿ | €€€€

Fullerton Hotel E4
Koloniales Flair – Der herausragende Stern an Singapurs Hotelhimmel glänzt durch seine neoklassische koloniale Fassade des ehemaligen General Post Office und die dazu im krassen Gegensatz stehende modern-minimalistische Ausstattung. Pool mit toller Aussicht.
Marina Bay | 1 Fullerton Square | MRT: Raffles Place | Tel. 67 33 83 88 | www.fullertonhotel.com | 400 Zimmer | €€€€

Goodwood Park Hotel C2
Unvergleichliche Gastfreundschaft – Von außen historisch, innen luxuriösmodern. Eine interessante Mischung im schon 1899 als Teutonia Club gegründeten Haus, das zu den Überbleibseln der Kolonialgeschichte Südostasiens gehört. Zwei Pools, ausgezeichnete Restaurants, Livemusik zur »tea time«, große, luxuriöse Zimmer.
Orchard Road | 22 Scotts Rd. | MRT: Newton | Tel. 67 37 74 11 | www.facebook.com/GoodwoodParkHotel | 235 Zimmer | €€€€

Hang Out@Mt.Emily D3
Jung und stylish – Flottes, sauberes Budget-Hotel, in dem vor allem junge Leute aus aller Welt zentrumsnah übernachten. Zwischen Parks und der Istana liegt das Hotel auf einem Hügel fast über dem Stadtviertel Little India, nur wenige Gehminuten von der quirligen Orchard Road entfernt. Als Service wird ein kostenloser Internetzugang geboten, im Bistro kann man frühstücken und Snacks bekommen.
Bencoolen | 10A Upper Wilkie Rd. | MRT: Little India, Dhoby Ghaut | Tel. 64 38 55 88 | www.hangouthotels.com | 59 Zimmer | €€

Marina Bay Sands F5
Resort der Superlative – Drei Hoteltürme tragen einen über 300 m langen Dachgarten mit spektakulärem Pool im SkyPark des 57. Stocks. Hunderte von Geschäften, 13 Restaurants und ein Casino laden hierher ein. Wer mag, kann sich mit asiatischen Sampans durch die Kanäle zwischen den Türmen schippern lassen – logisch, schließlich ist alles in Händen einer Hotelkette aus Las Vegas. Jede Suite ist mit Originalkunstwerken internationaler Maler ausgestattet.
Marina Bay | Bayfront Ave. | MRT: Marina Bay | Tel. 66 88 88 68 | www.marinabaysands.com | 2500 Zimmer | ♿ | €€€€

Raffles Hotel ⭐ E3
Kolonialer Luxus – Das bekannteste Hotel Singapurs ist gleichzeitig eines der Wahrzeichen der Stadt. Schriftsteller wie Somerset Maugham und Rudyard Kipling gaben sich hier schon ein Stelldichein. Ein Tiger wurde unter dem Billardtisch erlegt, und die Writer's Bar ist Geburtsort des Singapore Sling. Nach der Renovierung erstrahlt das 1887 errichtete Gebäude in neuem Glanz – leider auch mit neuen Preisen (ab 400 €).

Marina Bay | 1 Beach Rd. | MRT: City Hall | Tel. 63 37 18 86 | www.raffles.com | 103 Suiten | €€€€

The Scarlet D5
Alt-Singapur in neuem Glanz – Neues, luxuriöses Boutique-Hotel, das auf der Basis von ehemaligen »shophouses« entstanden ist. So sind einige Zimmer nach innen gerichtet und fensterlos (dafür aber recht preiswert).
Chinatown | 33 Erskine Rd. | MRT: Tanjong Pagar oder Chinatown | Tel. 65 11 33 33 | www.thescarlethotel.com | 84 Zimmer | €€€

Sleepy Sam's F3
Backpacker-Stil – Charmante Bed & Breakfast-Unterkunft an der Sultan Mosque, in der es neben Schlafsaalbetten auch Doppelzimmer gibt. Einfacher Komfort, aber sauber und preisgünstig. Frühstück gibt's auf der Veranda mit Blick auf das rege Treiben in den Straßen.
Arab Street | 55 Bussorah St. | MRT: Bugis | Tel. 92 77 49 88 | www.sleepysams.com | 14 Zimmer | €

Summerview Hotel E3
Preiswert und zentral – Kleines, sauberes Hotel im Herzen der Stadt, verkehrsgünstig zwischen Marina und Orchard Road gelegen.
Bencoolen | 173 Bencoolen St. | MRT: Bugis | Tel. 63 38 11 22 | www.summerviewhotel.com.sg | 100 Zimmer | €€

Preise für ein Doppelzimmer mit Frühstück:
€€€€ ab 290 S$ €€€ ab 220 S$
€€ ab 120 S$ € bis 120 S$

Auch in seinem Inneren verströmt das weltberühmte Raffles Hotel (▶ MERIAN TopTen, S. 24) koloniales Flair. Hier zu residieren ist ein kostspieliges Vergnügen.

ESSEN UND TRINKEN

*Glaubt man den Werbebroschüren, so ist Singapur
»the greatest feast in the east« (der größte Festschmaus des Ostens).
Da ist was dran, denn kaum irgendwo sonst in Südostasien
mischen sich so viele Länderküchen wie in Singapur.*

Den größten Einfluss hat die chinesische Küche, gefolgt von denen der näheren Umgebung wie Malaysia, Indonesien und Thailand. Aber auch regionale Küchen des indischen Subkontinents setzen Akzente, japanische Gastronomie und westlich orientierte Restaurants vervollständigen die Palette.

CHINESISCHE UND INDISCHE KÜCHE

Chinesisches Essen, das ist die **Peking-Küche** mit ihren Entengerichten, aber auch mit Hammelfleisch. In der **Shanghai-Küche** werden Fischgerichte mit Sojasauce zubereitet. Die **Kanton-Küche** serviert leichte Speisen, wie z.B. »dim sum« oder Frühlingsrollen. Bei der größten Gruppe chinesischer Einwanderer, den **Hokkien**, stehen Nudelgerichte wie »fried hokkien mee« im Vordergrund. Die Provinz **Teochew** zeigt

◀ Den kleinen Hunger unterwegs stillen
die gut bestückten »food courts« (▶ S. 27).

sich in ihrer Küche fettarm, eine Spezialität ist die schmackhafte Fleischbrühe »steamboat«. **Hainan-Gerichte** wie »hainanese chicken rice« werden mit einer pikanten Sauce aus Soja, Sesam, Chili und Knoblauch gewürzt. Die Küche der **Hakkas**, einem früheren Nomadenvolk, ist einfach und schmackhaft. Grundbestandteile sind Sojabohnenquark (Tofu) und Fischbällchen. Die **Szechuan-Küche** verwendet reichlich Gewürze wie Chili, Knoblauch und Kampfer, z. B. bei Entenbraten.

Wenngleich die größte Zahl indischer Einwanderer aus **Südindien** stammt, werden auch die Kochkünste des **Nordens** in Singapur aufgetischt. Ob Moslems oder Hindus, alle Gerichte werden mit vielen Gewürzen wie Kardamom, Ingwer, Kurkuma und Chili zubereitet. Zusammen mit Gemüse, Fleisch oder Fisch entstehen dann die schmackhaften, oft scharfen Currys. Beliebt sind auch die Gerichte, die auf einer Art Brot basieren, dem »**prata**«, oder einer Art Pfannkuchen mit einer Fleisch- und Gemüsefüllung, dem »**murtabak**«.

MALAYSISCHE UND INDONESISCHE KÜCHE

»Nyonya« heißen die Frauen bei den **Peranakan-Chinesen** (die Männer werden »babas« genannt), jenen Abkömmlingen eingewanderter Chinesen und einheimischer Malaien, die in ihrer Kultur – und damit auch Küche – die unterschiedlichen Einflüsse verbinden. Verwendet werden Schweinefleisch und Krabbenpaste (»belancan«), Chili und Kokosmilch. Typisch sind »laksa lemak«, fettiger Reis mit Krabbenpaste und Kokosmilch, sowie »buah keluak«, Hühnchen mit dunklen Nüssen und scharfer Sauce.

Bekam man früher solche Gerichte auch bei den Garküchen, so wurden diese mittlerweile durch die »**hawker centre**« ersetzt. Sie fassen zahlreiche, früher fahrbare Essensstände unter einem Dach zusammen. Die Hygiene lässt sich so einfacher überwachen.

Neben solchen Essmärkten gibt es vornehmlich in den älteren Stadtteilen »**coffee shops**« oder »**kopi tiam**«, die von morgens bis abends geöffnet haben und zum Essen auch alkoholische Getränke servieren. Den »hawker centre« ähneln die neueren »**food courts**«, die Sie z. B. in Malls antreffen.

Restaurants findet man in Hotels, in oder nahe der Malls sowie am River. Da können sich diese noch so sehr bemühen, authentisches Flair herbei-

zuzaubern, nie wird dies so gelingen wie in einem der vielen »hawker centre« oder »food courts« . Da wird gebrutzelt und gegart, gerufen, gewunken und getrunken, serviert, geschlürft und verspeist, kurz gesagt authentisch gelebt.
Restaurants haben in der Regel von 11.30 bis 14.30 und von 18.30 bis 22.30 Uhr geöffnet. »Food courts« richten sich nach den **Öffnungszeiten** der Einkaufskomplexe (10–22.30 Uhr), »hawker centre« sind von frühmorgens bis spätnachts, teils auch 24 Std. geöffnet. Je nach Qualität und Sauberkeit erhalten alle gastronomischen Betriebe die **Gütesiegel** »A« bis »D« (niedrigste Kategorie).

BENEHMEN IST (K)EINE KUNST

Während man in »food courts« in T-Shirt und Shorts essen gehen kann, erwarten Restaurants von Damen und Herren meist »smart casual«; nur bei besonderen Anlässen gilt der »**Formal dress**«-Code. In Restaurants werden Sie Servietten und Besteck im europäischen Stil vorfinden. Üblich ist das Essen mit Stäbchen (»**chopsticks**«) oder Löffel und Gabel, da die Gerichte durch die Zubereitung im Wok bereits in kleine Teile zerschnitten wurden. Falls Sie Probleme mit den Stäbchen haben, wird man Ihnen jederzeit Besteck zur Verfügung stellen.
Alkoholische Getränke – dazu zählt auch Bier – gibt es nur in Lokalen mit besonderer Lizenz, nie in malayischen und nur selten in indischen Lokalen (Islam). Bekannte Biersorten sind Anchor und Tiger. Zu den Tropen gehören selbstverständlich auch exotische Cocktails wie der Singapore Sling auf der Basis von Gin.

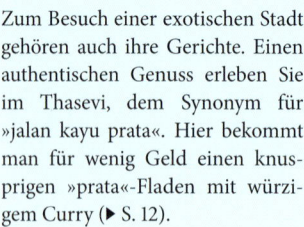

Roti Prata – Das authentische Gericht Singapurs 🚶

Zum Besuch einer exotischen Stadt gehören auch ihre Gerichte. Einen authentischen Genuss erleben Sie im Thasevi, dem Synonym für »jalan kayu prata«. Hier bekommt man für wenig Geld einen knusprigen »prata«-Fladen mit würzigem Curry (▶ S. 12).

BESONDERE EMPFEHLUNGEN
Banana Leaf Apolo E2
Typisch indisch – Hier wird noch traditionell mit den Händen vom Bananenblatt gegessen. Sehr gutes »fish head curry« und schmackhafter »murtabak«. Auch das »chicken takka« ist zu empfehlen. Preiswert und immer gut besucht.
Little India | 56 Race Course Rd. | MRT: Little India | Tel. 62 93 86 82 | www.thebananaleafapolo.com | tgl. 10.30–22.30 Uhr | €€

Equinox E4
Cooles Ambiente – Im 70. Stock des Swissôtel genießt man eine herrliche Aussicht über die Stadt. Unbedingt einen Fensterplatz reservieren!
Raffles | Swissôtel The Stamford, 2 Stamford Rd. | MRT: City Hall | Tel. 63 38 85 85 | www.swissotel.com | Mo–Sa 12–14.30, 15.30–17, 18.30–23, So ab 11 Uhr | €€€

Halia westl. A2
Oase im Park – Kleines Restaurant mitten im Ingwer-Garten des Botanischen Gartens, denn »halia« ist das malaiische Wort für Ingwer.
Orchard Road | 1 Cluny Rd. | MRT: Orchard, Taxi | Tel. 64 76 67 11 | www.thehalia.com | Mo–Fr 12–17, 18.30–22, Sa, So 9–17, 18.30–22.30 Uhr | €€

Kopitiam D5
Klassisch Malay – Sehr gute malaysisch-indonesische Gerichte, z. B. »beef rendang« oder die Süßspeise »kulhkuih«.
Verschiedene Standorte, z. B. Lau Pa Sat Market | MRT: Raffles Place | www.kopitiam.biz | tgl. 24 Std. | €€

The Line A2
Topmodern – Opulentes Buffet für Gourmets und Leckermäuler. Absolutes Highlight ist der Schokoladenbrunnen, an dem man sich Früchte nach Wahl mit Schokosauce überziehen lassen kann.
Orchard Road | Shangri-La Hotel, 22 Orange Grove Rd. | MRT: Orchard, Taxi | Tel. 62 13 42 75 | www.shangri-la.com/singapore | Mo–Fr 5–10.30, 12–14.30, 18.30–22.30, Sa, So 6–11, 12–15, 18–22.30 Uhr | €€€

mezza 9 B2
Modernes Konzept – Neun verschiedene Restauranttypen mit chinesischer Küche findet man hier unter einem Dach. Egal, wo man sich hinsetzt, man kann sich aussuchen, bei welchem der neun Restaurants man bestellt.
Orchard Road | Grand Hyatt Hotel, 10 Scotts Rd. | MRT: Orchard | Tel. 67 32 12 34 | www.singapore.grand.hyatt.com/en/hotel/dining/mezza9.html | Mo–Sa 12–15, 18–23, So 11.30–15 Uhr | €€€

Wollen Sie's wagen?

Ist die Durian die Königin der Früchte oder stinkt sie nur? Fast einer mittelalterlichen Waffe gleicht die graugrüne Außenschale der Durian, die im Inneren cremig-weiches Fruchtfleisch verbirgt. In der Region wird diese Frucht geliebt oder gehasst. Ein Weg dazwischen scheint unmöglich, denn der Name Stinkfrucht ist Programm. Intensiv ranziger Geruch geht vom Fruchtfleisch aus und dringt auch durch die geschlossene Schale, von Verpackungen ganz zu schweigen. »Ist die Durian unten, so gehen die Sarongs hoch«, lautet ein indonesisches Sprichwort und spielt damit auf die aphrodisierende Wirkung an, die man ihr nachsagt. Wer es nicht glauben mag, probiere es selbst aus.

Weitere empfehlenswerte Adressen finden Sie im Kapitel **SINGAPUR ERKUNDEN**.

Preise für ein dreigängiges Menü:
€€€€ ab 50 S$ €€€ ab 30 S$
€€ ab 15 S$ € bis 15 S$

Grüner reisen
Urlaub nachhaltig genießen

Wer zu Hause umweltbewusst lebt, möchte vielleicht auch im Urlaub Menschen unterstützen, denen ein verantwortungsvoller Umgang mit der Natur am Herzen liegt. Empfehlenswerte Projekte, mit denen Sie sich und der Umwelt einen Gefallen tun können, finden Sie hier.

Der Weg zum ökologischen Bewusstsein, der sich an vielen Orten auf der Welt immer stärker durchsetzt, ist in Südostasien sicherlich noch ein langer und beschwerlicher. Eine Ausnahme bildet mal wieder Singapur. Schon Ende der 1960er-Jahre hatte Lee Kuan Yew die Idee der »Garden City«. Einerseits ging es ihm dabei um einen im wörtlichen Sinne »grünen« Stadtstaat, andererseits um die Akzeptanz von Notwendigkeiten. Handelt es sich dabei um einen verantwortungsvollen Umgang mit der Natur oder vielmehr um reinen Pragmatismus? Egal, denn der Stadtstaat ist vor allem erst einmal sauber, und es gibt ein ökologisches Bewusstsein. Dies ist in der Region nicht unbedingt selbstverständlich, aber mit drakonischen Strafen wird jegliche Form des »littering« geahndet. Schließlich ist Singapur ein Inselstaat, der sorgsam mit seinen Ressourcen umgehen muss. Sicherlich wurde und wird viel gebaut, doch werden zugleich möglichst große Waldareale erhalten, um das notwendige Wasser in Reservoirs zu speichern und für eine »grüne Lunge« zu sorgen. Auch gibt es viele Straßen und Highways, doch eine geeignete Verkehrspolitik hat schon frühzeitig bestimmte Gebiete der Innenstadt mit einer City-Maut und die Anschaffung eines Autos mit hohen Steuern belegt, um den Verkehr von der Straße auf die öffentlichen Verkehrsmittel umzulenken. In den letzten Jahren kamen auch noch Ideen hinzu, die den Traum von der Gartenstadt weiterführen: Allenthalben entstehen neue grüne Oasen wie Parkanlagen, fließende Gewässer werden renaturiert, Fassaden begrünt.

ÜBERNACHTEN
The Regent A/B2
Vorbildlich bei ökologischen Programmen verhält sich das Regent Hotel, das dem Gast einerseits ein luxuriöses Ambiente bietet, andererseits dennoch Energie und Wasser spart, recycelt, an Umweltschutzprogrammen teilnimmt und sein Personal entsprechend schult. Zudem führt das Hotel Spenden an Non-Profit-Organisationen ab. Eindrucksvoll ist auch die Sammlung asiatischer Kunstobjekte, mit denen sich Lobby und Zimmer schmücken.
Orchard Road | 1 Cuscaden Rd. | MRT: Orchard | Tel. 67 33 88 88 | www.regenthotels.com/singapore | 439 Zimmer | €€€€

ESSEN UND TRINKEN
RESTAURANTS
Jiang-Nan Chun B2
Auf den ersten Blick »nur« ein normales Luxusrestaurant in einem der Nobelhotels. Aber seit Mitte 2009 wird in dem etwa 1000 qm großen Hotelgarten biologisch-dynamisches Gemüse angebaut, das in den Restaurants des Hauses zubereitet wird. Interessant ist dabei, dass der Anbau nicht etwa nur durch Gärtner geschieht, sondern jede Abteilung des Hotels für einen bestimmten Gartenteil verantwortlich ist. Gedüngt mit organischem Dünger, gewässert mit Regenwasser ist der Garten ein Symbol für Nachhaltigkeit. Das selbst gezogene Gemüse wird zu schmackhaften Gerichten der kantonesischen Küche verarbeitet. Besonders köstlich und obendrein gesund ist hausgemachter Tofu mit Pilzen.
Orchard Road | Four Seasons Hotel, 190 Orchard Blvd. | MRT: Orchard | Tel. 68 31 72 23 | www.fourseasons.com/singapore | tgl. 11.30–14.30, 18–22.30 Uhr | €€€€

BARS
Glow Juice Bar und Café B3
In der minimalistisch gestylten Bar trifft man sich gern »after work« oder in der Mittagspause. Die hier aufgetischten Gerichte und Fruchtsäfte stammen ausschließlich aus organischen Produkten.
Orchard Road | Hilton Hotel, 581 Orchard Rd. | MRT: Orchard | Tel. 67 37 22 33 | www3.hilton.com | Mo–Sa 11–18 Uhr | €€

EINKAUFEN
KOSMETIK
The Body Shop
Die Philosophie der Kette lautet »keine Tierversuche« bei der Herstellung von Kosmetikprodukten. Vor allem »frau«

kann hier in der gesamten Palette der Schönheits- und Wellnessprodukte schwelgen. Die über 30 Filialen der Kette findet man in allen größeren Shoppingmalls, z. B.:

– Raffles | Raffles City Shopping Centre, 250 North Bridge Rd. | MRT: City Hall 📍E3

– Orchard Road | ION Orchard, 2 Orchard Turn | MRT: Orchard 📍B2/3

MÄRKTE
Pasar Bella Market 🚩
▶ Klappe vorne, c 4

Im Bereich des Bukit Timah gibt es diesen großen Markt, auf dem man neben allerlei landwirtschaftlichen Produkten auch zahlreiche (teilweise essbare) Souvenirs finden kann. Wer sofort Hunger bekommt, sollte die Köstlichkeiten an einem der vielen Essstände probieren.
Bukit Timah | 200 Turf Club | Bus 174 vom YMCA bis Sixth Ave. Ctr. oder Taxi | www.pasarbella.com | tgl. 9.30–19 Uhr

SHOPPING CENTRE
Tangs 📍B2
Eines der großen Warenhäuser Singapurs. Doch heutzutage reicht es eben nicht mehr, eine Vielfalt an Waren zu präsentieren, denn ein Teil der Kundschaft legt Wert darauf, auch mit reinem »Umweltgewissen« einkaufen zu können. Mit dem Kosmetiklabel Clarins, das seine Kunden über die persönliche Kohlenstoffdioxid-Bilanz aufklärte, fing 2009 alles an. Tangs versucht seitdem Energie einzusparen, favorisiert wiederverwendbare Einkaufstaschen und vermarktet Bioprodukte.
Orchard Road | 310 Orchard Rd. | MRT: Orchard

AKTIVITÄTEN
Bukit Timah Nature Reserve
▶ Klappe vorne, c 3

Nur 12 km außerhalb der City können Sie auf 81 ha inmitten des Stadtstaates auf Trails verschiedener Schwierigkeitsgrade (Dauer: 45 Min. bis 2 Std.) Dschungeltrekking betreiben. Genießen Sie den herrlichen Blick über das Gebiet vom höchsten Punkt der Insel, dem Bukit Timah. Obwohl der Berg nur 162 m hoch ist, gestaltet sich der »Aufstieg« im feuchtwarmen Klima überaus schweißtreibend. Bunt schillernde Schmetterlinge, Mücken, Echsen, Vögel, Affen und gelegentlich eine Schlange gehören zum obligatorischen »Besuchsprogramm«. Um einen Eindruck der hier lebenden Pflanzen- und Tierarten zu bekommen, sollte man sich einer geführten Tour anschließen. Wer es auf eigene Faust angehen möchte, dem sei empfohlen, sich Zeit für den grün markierten Trail zu nehmen (Dauer: 2 Std.). Dieser Pfad führt vom Visitor Centre zunächst recht steil bergab, vorbei an mit martialischen Dornen versehenen Rattanpalmen und Baumriesen. Im Naturreservat kann man neben vielen Insektenarten manchmal Makaken (eine Affenart) beobachten und mit etwas Glück einen Colugo (Flugbeutler) sehen. Vorbei an einer Schutzhütte erreicht man dann die Gabelung zur roten und blauen Route. Hier kann man entweder den Rückweg antreten oder der Route weiter bis zur zweiten Schutzhütte folgen.
Bukit Timah | 177 Hindhede Drive | MRT: Newton, weiter mit TIBS-Bus 171 | www.nparks.gov.sg | tgl. 6–19 Uhr, geführte Touren über die Website buchen | Eintritt frei

Sungai Buloh Wetland Reserve 🚶
▶ Klappe vorne, b1

1989 begann die Nationalparkbehörde mit der Erschließung des 87 ha großen Gebiets im Nordwesten der Insel als Naturreservat. Umfangreiche Drainage- und Renaturierungsmaßnahmen begleiteten die Umwandlung von der ursprünglichen Nutzung als Fischfang- und Jagdareal zum Refugium für Tiere und Pflanzen. 1994 wurde das Gebiet der Öffentlichkeit zugänglich gemacht. Auf etlichen Kilometern Plankenweg, von Hochständen und unterirdischen Beobachtungsposten aus können Sie die etwa 140 heimischen Vogelarten (Eisvögel, Reiher, Fliegenschnäpper, Nektar- und Webervögel, Munias und Greife) in ihrem natürlichen Lebensraum beobachten. Je nach Jahreszeit kommen noch Zugvögel hinzu. Nicht zu reden von etlichen Reptil- (in letzter Zeit sind sogar immer wieder kleinere Leistenkrokodile gesehen worden), Kleinsäuger- und Fischarten, von denen der zeitweise an Land lebende Schlammspringer zu den interessantesten gehört. Keine Angst müssen Sie vor Schlangen haben. Es leben hier zwar einige Arten, Sie werden aber selten mit ihnen in Berührung kommen. Im Visitor Centre können Sie Ferngläser ausleihen, sich über Flora und Fauna informieren oder geführte Wanderungen buchen. Hier gibt es auch Getränkeautomaten. Auf dem Mangrove Boardwalk mit Arboretum erfahren Sie alles Wissenswerte über diese Pflanzen, die sich dem Gezeitenstandort mit oft wechselndem Salzgehalt perfekt angepasst haben.

Sungai Buloh | 10 Neo Thiew Lane | MRT: Kranji, weiter mit SMR1-Bus 925 zum Kranji Reservoir Carpark, von da 15 Min. Fußmarsch bis zum Eingang (Mo–Sa); So und feiertags hält der Bus direkt am Eingang | www.sbwr.org.sg | Mo–Sa 7.30–19, So, feiertags 7–19 Uhr | geführte Wanderungen tgl. 9 und 16 Uhr | Eintritt frei

Im 87 ha großen Sungai Buloh Wetland Naturreservat (▶ S. 33) leben Vögel, Insekten und Reptilien, darunter die filigrane Borneo-Langschwanzagame, eine Echsenart.

EINKAUFEN

Das Einkaufsparadies Singapur lockt mit eleganter Kleidung, teuren Uhren, modernsten Kameras und Elektronikartikeln, aber auch asiatischem Edelkitsch. Beliebte Mitbringsel sind exotische Gewürze oder zarte Orchideenrispen.

Schon lange bevor Thomas Stamford Raffles nach Singapur kam, stoppten hier arabische und orientalische Händler auf ihrem Weg von und nach China und den indonesischen Gewürzinseln. Auch heute noch ist der Stadtstaat ein beliebter Stopover bei Reisen in der Region. Dabei hält sich der Gast durchschnittlich drei Tage in Singapur auf und verbringt diese gern mit Shopping. Ge- und verkauft wird vor allem in kleinen Läden in Chinatown, Little India oder auf der Arab Street und in den Malls entlang der **Orchard Road** ⭐ und im Marina-Bereich.

War bis vor einigen Jahren Handeln fast ein Gesetz beim Einkauf, so gibt es mittlerweile oft die sogenannten »fixed prices«. Häufig kommt man Ihnen aber dennoch preislich entgegen, am liebsten, wenn Sie mit Bargeld zahlen. Selbstverständlich können Sie überall auch mit den gängigen Kreditkarten bezahlen. Aber aufgepasst! Immer häufiger werden

◀ Glanz und Glamour verheißen die Shops in der neuen Mall ION Orchard (▶ S. 35).

Betrugsfälle aufgedeckt; Südostasien (auch Singapur) scheint dabei trauriger Spitzenreiter zu sein. Lassen Sie Ihre Karte nie aus den Augen, Kopien werden sehr schnell hergestellt.
Bargeld erhalten Sie überall an den ATM-Automaten (Geldautomaten), z. B. mit der EC-Karte (mit Maestro-Logo).

GARANTIE UND ARTENSCHUTZ

Achten Sie besonders bei teuren Produkten auf die Garantie und prüfen Sie vor jedem Kauf den Garantiebeleg! Nur bei weltweiter Garantiezusicherung für zwölf Monate lohnt ein Kauf wirklich. Beachten Sie beim Kauf verschiedener Produkte auch die Bestimmungen der internationalen Artenschutzvereinbarungen. Nicht alle Produkte, die Sie in Singapur erwerben können (z. B. Schildpatt, Elfenbein), dürfen nach Deutschland eingeführt werden.
Auf alle Waren wird die GST (»goods and service tax«) von 7 % erhoben. Falls Sie in einem Laden für mehr als 100 S$ einkaufen, wird ein bestimmter Betrag zurückerstattet (eTRS, ▶ Im Fokus, S. 41).
Geschäfte sind meistens jeden Tag geöffnet, und auch die Öffnungszeiten variieren nur wenig. Einkaufszentren öffnen um 10 und schließen gegen 21 Uhr. Kleinere Läden machen auch schon zwischen 8 und 9 Uhr auf. Einige Supermärkte haben sieben Tage rund um die Uhr geöffnet.

BESONDERE EMPFEHLUNGEN

MALLS
Die Stadt lebt von und mit diesen Einkaufszentren. Man kann sich ihnen schon deshalb nicht entziehen, da manchmal auch die MRT-Stationen im Untergeschoss liegen. Für Menschen, die wenig Zeit haben, sind sie natürlich sehr praktisch.

CityLink Mall F5
Die perfekte Art, auch bei strömendem Regen unterwegs zu sein, denn auf dem unterirdischen Weg zwischen Raffles City und Marina Square/Esplanade kann man in zahllosen Geschäften stöbern, etwas essen oder trinken.
Marina Bay | MRT: Raffles City

ION Orchard B2/3
Neu, mit Glas und hell erstrahlt dieser Stern am Shopping-Himmel. Im futuristisch anmutenden Gebäudekomplex werden auf mehreren Etagen die angesagtesten Modelabels zum Verkauf angepriesen.
Orchard Road | 300 Orchard Rd. | MRT: Orchard | www.ionorchard.com

Lucky Plaza B/C 2/3

Ältester und bekanntester Komplex an der Orchard Road. Hier nagt zwar schon der Zahn der Zeit, aber genau das hat Charme, bietet sich doch hier auch ein Blick in die Vergangenheit, als die Malls noch nicht ganz so luxuriös waren. Neben Kameras, Souvenirs, Maßanzügen oder Seidenkleidung bekommt man hier auch immer mal wieder Plagiate angeboten.

Orchard Road | 304 Orchard Rd. | MRT: Orchard | www.luckyplaza.com.sg

Marina Bay Sands Mall – The Shoppes ⭐ F5

Lichtdurchflutet erhebt sich zwischen den Hoteltürmen des Marina Bay Sands und dem Merlion die Glasarchitektur der Marina Bay Sands Mall, The Shoppes. Auf fast 75 000 qm kann man hier über mehrere Ebenen schlendern oder in luxuriösen Boutiquen das (letzte) Urlaubsgeld verprassen. Es wäre nicht Singapur, wenn man hier nicht auch die Gelegenheit zum Schlemmen hätte, und die gibt es reichlich, vom einfachen Snack »auf die Hand« bis zur gehobenen Küche ist hier alles vertreten. Wer noch mehr erleben möchte, kann sich mit den »originalen« Sampanen (kleine Boote, ähnlich den venezianischen Gondeln) über die Kanäle der Mall fahren lassen oder auf der Schlittschuhbahn eislaufen. Allerdings keine Angst vor der Kälte, denn bei der »Eisfläche« handelt es sich um eine spezielle Kunststoffplatte, die ein Gleiten mit Kufen, ähnlich wie auf echtem Eis erlaubt.

Marina Bay | 10 Bayfront Ave. | MRT: Marina Bay, Bayfront | Tel. 66 88 86 88 | www.marinabaysands.com

Mustafa Centre E2

Kosmetik, Uhren, Kameras, Parfum, Lederwaren, Haushaltsgeräte, Unterhaltungselektronik, Sportartikel, Damen-, Herren- und Kinderbekleidung, indische Saris, Schmuck, Uhren, Gold und das alles zu sehr günstigen Preisen, auf drei Etagen und dann auch noch rund um die Uhr geöffnet, so präsentiert sich das einzigartige Shoppingcenter in Little India. Dazu gibt es noch einen Supermarkt und Geldwechselstuben, falls einmal das Kleingeld ausgegangen ist.

Little India | 145 Syed Alwi Rd. | MRT: Little India, Farrer Park | Tel. 62 95 58 55 | www.mustafa.com.sg | tgl. 24 Std.

GEWÜRZE
Little India E2

Die Serangoon Road und die angrenzenden Seitenstraßen bilden das indische Viertel. Überall werden hier exotische Gewürze und fertig gemischte Currys verkauft. Aber auch schöner Silberschmuck und Tempelgaben werden zum Verkauf feilgeboten.

Little India | Serangoon Rd. | MRT: Little India, Farrer Park

MODE
Giordano

Von diesem Hersteller aus Hongkong existieren verschiedene Filialen, in denen schicke T-Shirts, Polohemden und Jeans recht preisgünstig zu bekommen sind. Oft gibt es Sonderangebote. Anfangs warb man mit einem besonderen Gag: Die Kunden wurden aufgefordert, einen ihrer Meinung nach angemessenen Preis für Jeans zu nennen. 29 S$ war das Ergebnis, das Unternehmen verkaufte alle Jeans zu diesem Preis. Leider heute nicht mehr …

Filialen gibt es in vielen Malls, beispielsweise in der Orchard Road und Marina Bay:

– CityLink Mall ⚑ F5
– OG Orchard Point ⚑ C3
– Suntec City Mall ⚑ F3

SOUVENIRS

Bugis Street ⚑ E3

Einst befand sich hier das Rotlichtviertel der Stadt, mittlerweile ist es »gezähmt« und saniert worden. An der neuen Bugis Street gibt es nun einen überdachten (Nacht-)Markt, auf dem man neben T-Shirts (mit teilweise anzüglichen Aufdrucken; aha, immer noch das Rotlicht-Image!) auch viel anderen Touristennepp – von Schmuck über Kunsthandwerksartikel bis zu Büchern – bekommen kann. In den zahlreichen Seitengassen des Marktes kann man aber mit Handeln eventuell doch mal ein Schnäppchen machen.

Arab Street/Kampong Glam | Victoria St./Rochor Rd./Queen St. | MRT: Bugis

Museum Shop ⚑ E3

Nicht ganz billig, aber dafür auch vielfach hübscher als anderswo, kann man hier allerlei interessante Souvenirs kaufen, die die Erinnerung an den Aufenthalt in Singapur wachhalten: vor allem Nostalgisches, darunter beispielsweise Bücher zur Stadtgeschichte und zum legendären Raffles Hotel.

Raffles | 03–07 Raffles Hotel, North Bridge Rd. | MRT: City Hall

Weitere Geschäfte und Märkte finden Sie im Kapitel **SINGAPUR ERKUNDEN**.

The Shoppes at Marina Bay Sands (▶ MERIAN TopTen, S. 36): ein Einkaufsparadies mit vielen Läden, in denen man nach Herzenslust schauen, shoppen und schlemmen kann.

Im Fokus
Einkaufsparadies Singapur

*»Singapore is a shoppers paradise« oder »Shoppen ohne Limit«,
lauten die Werbesprüche des Tourismusverbandes.
Hier gibt es nützliche Tipps und Tricks für die Shoppingtour,
denn nicht überall lauern Schnäppchen.*

Weltweit gilt der Stadtstaat gemeinhin als Shoppingmetropole. Dies hängt mit vielem zusammen. Sicherlich auch mit dem Status des Freihafens, der viele Waren einfuhrzollfrei stellt, sie sind damit günstiger als anderswo. Dann aber auch mit der Tatsache, dass eben hier bzw. in den Nachbarländern Waren produziert werden, die man als Europäer gern möchte oder die man hier auch eher erstehen kann, als sie auf den europäischen Markt kommen. Dazu kommt die riesige Menge von Gütern auf einem vergleichsweise kleinen Fleckchen Erde und, das darf man nicht vergessen, eine immense Werbeflut, die die Kauflaune erst so richtig anheizt.

WIE MAN KUNDEN ANLOCKT

Die Händler in den Malls oder den Geschäften an den Straßen tun ein Übriges, denn sie verstehen es vortrefflich, Kunden zu locken. »You have a nice camera. May I see it?« oder »Nice Shirt, you want one more? Or

◀ »Der Teufel trägt Prada« – auch im ION Orchard Shopping Complex (▶ S. 35).

a jacket?« sind schon fast klassische Sprüche für den Erstkontakt. Wer jetzt darauf eingeht, braucht später eventuell eine starke Persönlichkeit, um den Laden zu verlassen, ohne etwas zu kaufen.

VERSCHENKT WIRD NICHTS!

Man kann ja schließlich mal schauen. Und schon ist man im Laden, zeigt stolz seine Kamera vor und bekommt die Information, es fehle bestimmt z. B. noch ein Teleobjektiv oder ein Zoom, ein Blitzgerät oder, oder. Kurz darauf hält man es in Händen, kann es an der eigenen Kamera probieren, ist begeistert und fragt nach dem Preis. Der wird natürlich in Singapore Dollar gerechnet, bei den Wechselkursen spielt dann aber der US-Dollar eine große Rolle, und der steht seit Längerem im Verhältnis zum Euro sehr günstig, sodass sich Einkäufe lohnen können. Aber auch in Singapur gilt: Verschenkt wird nichts! Und in den letzten Jahren haben auch hier die Preise angezogen. Zudem muss man unterscheiden, ob es sich um Spontankäufe oder eine langfristig geplante Anschaffung handelt.
Im ersten Fall lässt man sich durch die vielen Shoppingmalls der Stadt treiben und kauft, was gerade gefällt und möglichst preiswert erscheint.
Im zweiten Fall handelt es sich bei den Kaufwünschen dann eher um hochpreisige Waren aus dem Elektronik- oder Computer- bzw. Kamera- und Videobereich. Wer etwas Spezielles sucht, kann Glück haben, muss aber nicht. So sind oftmals Sonderangebote daheim günstiger als die Normalpreise im Stadtstaat. Wer also solche Anschaffungen plant, sollte zu Hause die Sonderangebote recherchieren. Und wenn es dann tatsächlich eine Differenz gibt, muss man sich immer die Frage stellen, lohnt diese Summe den Stress beim Zoll? Denn nur die Einfuhr von Waren bis zu einem Wert von max. 430 € ist zollfrei. Führt man Waren von höherem Wert ein, muss man diese anmelden, verzollen und zusätzlich eine Einfuhrumsatzsteuer von 19 % auf den Warenwert zahlen. Lohnt die Differenz dann immer noch den Kauf?

MARKENWARE ODER PLAGIAT?

Oder was geschieht, wenn man nach der Reise evtl. eine Reklamation an der Ware geltend machen möchte? Dieser Stress lässt sich minimieren, wenn man bei Geräten auf einer »international« oder »world wide warranty« (internationale Garantiekarte) besteht.

Für geringe Differenzen in der Kaufsumme kann man beide Fragen sicherlich mit Nein beantworten. Eine Ausnahme gilt vor allem dann, wenn man z. B. Ersatz für ein defektes Gerät benötigt. Und zudem können sich Anschaffungen im höheren Preissegment wie teure Profikameras oder Luxusuhren lohnen. Aber Achtung, hier ist zwar das Einsparpotenzial größer, doch ist der Zoll hierbei noch genauer, die Gebühren sind dann höher, und außerdem sind hochwertige Kameras oft nur schwer zu bekommen, da sie nicht so oft nachgefragt werden. Möchte man eine solche Kamera kaufen, muss man allein für die Suche nach einem Händler und eventuell die Wartezeit für die Beschaffung schon ein paar Tage in der Stadt einplanen. Und auch dann muss man sehr genau achtgeben, denn immer wieder gibt es Plagiate teurer Markenware. Wenn ein Preis viel zu niedrig ist, sollten Sie aufpassen.

HANDELN IST EIN SPIEL

Damit wären wir bei der spannendsten Frage, dem Preis. In Singapur gibt es außer in Supermärkten nur selten die »fixed prices«, selbst in Geschäften, die internationale Luxuswaren verkaufen, wird niemand irritiert schauen, wenn man den Preis zu verhandeln versucht. Handeln gehört in Asien einfach zum Kauf dazu, fast ist es ein Spiel.

So werden Verkäufer häufig schon von sich aus einen »discount« oder »spezial price« oder eine »promotion« anbieten, wenn Sie eine Ware genauer betrachten oder nach dem Preis fragen. Selbst wenn der an der Ware ausgezeichnet ist, kann man sich dumm stellen und nachfragen. Der Verkäufer wird dann meist das Preisschild ablesen, man selbst murmelt ein »sorry«, in dem Sinne »habe ich nicht gesehen«, und ein »Ah« oder »Ok«. Dann betrachtet man die Ware weiter, blickt nochmals auf das Etikett, und meist erhält man dann schon einen günstigeren Preis: »Can discount for you, lah!« Solange man sich nicht sicher über den Kauf ist, sollte man nicht handeln. Besser ist es, auch in Singapur die Preise zu vergleichen. Lassen Sie sich eine Businesskarte vom Verkäufer geben, und notieren Sie den Preis. Haben Sie sich dann entschieden, beginnt das eigentliche Spiel. Hören Sie sich den ersten Preis des Verkäufers an, kalkulieren Sie in Gedanken Ihren Maximalpreis und teilen Sie den durch 2,5 oder 3. Dies ist Ihr Einstiegspreis.

Lassen Sie sich vom Gezeter des Verkäufers bloß nicht aus der Ruhe bringen. Wenn er nicht verkaufen will, wird er Ihnen auch nicht entgegenkommen. Andernfalls spielen Sie nun ein Spiel, bei dem sich beide »Parteien« einander annähern. Wie weit Sie nach oben gehen, liegt an Ihnen.

Irgendwann sollten Sie dann nach dem »best price« fragen. Ist dieser zu hoch, so nennen Sie Ihren »last price« und verlassen Sie im Zweifelsfall dann auch den Laden. Folgt man Ihnen, war Ihr Preis noch gewinnträchtig, falls nicht, folgt man Ihnen nicht. Sie wissen dann eine annähernde Untergrenze.

Alle Verhandlungen können aber scheitern, wenn man statt »cash«, also mit Bargeld, mit einer Kreditkarte zahlen möchte, denn dann entstehen dem Händler oft hohe Gebühren. Also sollte man im Vorfeld der Verhandlungen dies gleich klären.

Schnäppchen kann man vor allem bei den »sale« (Ausverkäufen) machen, die im Mai bis Juli sogar als »The Great Singapore Sale« institutionalisiert sind.

Wer größere Anschaffungen tätigt, sollte auf das Merlion-Logo des STB achten, das nur an seriöse Händler vergeben wird. Zudem sollte man darauf achten, dass das Geschäft mit dem Logo »tax free shopping«, »tax refund«, »premier tax free« oder »global blue tax free« gekennzeichnet ist – d. h. dem internationalen Kunden wird die »goods and service tax« (GST, eine Verbrauchssteuer) in Höhe von 7 % bei der Ausreise erstattet. Fragen Sie im Zweifel aber vor dem Kauf nochmals im Geschäft nach, wie viel Ihnen erstattet wird.

ERSTATTUNG DER VERBRAUCHSSTEUER

Eine Erstattung gibt es aber nur bei der Ausreise innerhalb von zwei Monaten nach Erwerb der Ware und seit 2012 nur noch auf elektronischem Wege (eTRS). Bereits beim Kauf muss man auf den Touristenstatus hinweisen und bekommt, nach Vorlage einer Kreditkarte, eine Quittung mit Barcode. Am Flughafen begibt man sich zu einem der sogenannten »eTRS self help kiosks« und handelt nach dem Bildschirmmenü: 1. Pass durch das Lesegerät ziehen, 2. TRS-Bedingungen akzeptieren, 3. Quittung durch das Lesegerät ziehen oder Barcode scannen, 4. Rückzahlungsart wählen (auf die Karte oder Barauszahlung am Central Refund Counter, hinter dem Immigration), 5. Quittung entnehmen, bei Hinweis auf Sichtinspektion muss die Ware beim Customs Inspection zusammen mit den Kaufbelegen vorgelegt werden (alle weiteren Informationen auf www.iras.gov.sg, www.changiairport.com, www.customs.gov.sg).

Eine gute Orientierung über die Shoppingmalls bieten die jeweiligen Broschüren des STB, die man gratis in den Visitors Centre erhält (www.greatsingaporesale.com.sg, www.yoursingapore.com).

KULTUR UND UNTERHALTUNG

Lange Zeit bot Singapur Nachtschwärmern nur Discos und Hotelbars. Die Angebote fürs »Nachtleben« wachsen nun besonders im Bereich Boat Quay/Clarke Quay, Marina Bay, Holland Village und an der Mohamed Sultan Road.

Ob es nun der exotische Drink bei Kerzenlicht, die »dinner cruise« vor der Küste, Livemusik am Fluss, ein kühles Bier unter freiem Himmel oder ein Abtanzversuch in der Disco sein soll, fündig werden Sie in jedem Fall.

KUNSTGENUSS GIBT'S AUCH

Spätestens seit die Konzerthalle **Esplanade** 5 ihre Pforten geöffnet hat, ist Singapur nicht mehr nur für den leichtlebigen Genuss am Abend bekannt, sondern auch für klassische Musik, gespielt und interpretiert von den Größen aus aller Welt. Weltbekannt sind aber nicht nur die auswärtigen Stars, auch die Singaporeanische Philharmonie unter der Leitung des Maestro Lim Yau feiert seit 1998 Triumphe.

Nützliche Infos über das aktuelle Geschehen finden Sie unter der Rubrik »What's on« der »Straits Times«, im »Insight City Mag«, das kostenlos in

◀ Der Durian nachempfunden: die Konzerthalle Esplanade (▶ MERIAN TopTen, S. 45).

Hotels und beim STB (▶ S.149) erhältlich ist oder unter www.timeoutsingapore.com bzw. www.yoursingapore.com. Stets aktuelle Informationen bekommt man auch im kostenlosen Wochenblatt »I-S Magazine«, das z.B. in Bars ausliegt. Noch aktueller ist die Website des Magazins www.is.asia-city.com.
Auf der Suche nach Events und Konzerten sollte man stets auch einen Blick auf die Seite von SISTIC (www.sistic.com.sg) werfen, denn dies ist der offizielle Agent für den Kartenvorverkauf.
In vielen Nightclubs, Bars, Lounges und Diskotheken wird zumindest an Wochenenden »covercharge« (Eintritt) erhoben, der zwischen 15 und 25 S$ liegt und mindestens ein Getränk enthält. Zwischen 16 und 20 Uhr gelten meist die Preise der »happy hour«.
Wer nach Singapur reist, muss – egal wie lange man sich hier aufhält – wenigstens einen der folgenden Bars/Nachtklubs besucht haben oder am Singapore River bummeln gewesen sein.

BESONDERE EMPFEHLUNGEN
LOUNGES UND NIGHTCLUBS

Ku Dé Ta ⚑ F5
Im SkyPark des Marina Bay Sands gehört diese Bar zum gleichnamigen Restaurant. Sie bietet eine tolle Aussicht über die Stadt aus der 57. Etage. Wer es sich leisten kann, nimmt in der Lounge Platz. Der Blick schweift übers Meer bis zu den ersten indonesischen Inseln. Bei Loungemusik oder aktuellen Rhythmen kann man hier den Sundowner so richtig genießen.
Marina Bay | 1 Bayfront Ave., Marina Bay Sands North Tower | MRT: Marina Bay | Tel. 66 88 76 88 | www.marinabaysands.com | tgl. 11–23 Uhr

Lantern Bar ⚑ E4
Angst vor zu großer Höhe oder Fahrstühlen, und dennoch möchten Sie einen Drink open air und mit schönem Blick über Singapur genießen? Der Wunsch bereitet hier kein Problem, denn die Rooftop Bar im ehemaligen General Post Office, dem heutigen Fullerton Hotel, bietet neben der Bar auf dem Dach des neungeschossigen Gebäudes einen tollen, unverbauten Blick über Merlion und Singapore River. Im Hintergrund blickt man auf den Marina-Bay-Bereich und kann auch von hier die allabendliche Lichtshow des Marina Bay Sands verfolgen.
Marina Bay | 1 Fullerton Square | MRT: Raffles Place | Tel. 67 33 83 88 | www.fullertonhotel.com | So–Do 20–1, Fr, Sa 20–2 Uhr

New Asia Bar ⚑ E4
Vom 71. Stock des Swissôtel The Stamford hat man den schönsten, wenn-

gleich auch nicht ganz preiswerten Blick über Singapur. Mindestens ein Drink in dieser Bar sollte für jeden Besucher ein Muss sein! Schon die Fahrt mit dem Expresslift ist ein Erlebnis, die coole Atmosphäre der Bar tut ein Übriges. Aber Achtung! Sollten Sie den Eindruck bekommen, nach dem x-ten Drink neige sich der Boden in Richtung der riesigen Fensterscheiben, so täuschen Sie sich nicht. Aber keine Panik, das war auch vorher schon so, denn genau dieser leicht abschüssige Boden, der den Gast ein wenig verwirren soll, ist geplant!

Ein Drink schmeckt hier vor allem kurz vor dem Sonnenuntergang herrlich, wenn man noch alles sehen kann, die Sonne aber ganz Singapur in ein magisches Licht hüllt.

Raffles | Swissôtel The Stamford, 2 Stamford Rd. | MRT: City Hall | Tel. 91 77 73 07 | www.swissotel.com | So–Di 17–1, Mi, Do 17–2, Fr, Sa 17–3 Uhr

On Top of Singapore

Singapur von oben – das gelingt am schönsten vom 71. Stock des Swissôtel. Sollten Sie das Gefühl haben, der Boden neige sich und zöge Sie zur verglasten Fassade hin, so liegt das keineswegs am Cocktail. Der Boden ist bewusst so konstruiert (▶ S. 12).

Sky on 57

Hier sitzt man nicht ganz so hoch wie in der New Asia Bar, dafür aber unter freiem Himmel. Die kleine Bar im schicken Restaurant gehört ebenfalls zum SkyPark des Marina Bay Sands. Neben dem simplen, aber gut gekühlten Bier trinkt man hier gern erlesenen Weine oder gute Cocktails. Dazu bietet die Bar einen atemberaubenden Blick über die Stadt und die umliegende Region, allerdings nur bei gutem Wetter!

Marina Bay | 1 Bayfront Ave., Marina Bay Sands North Tower | MRT: Marina Bay | Tel. 66 88 88 57 | www.marinabaysands.com | tgl. 11–23.45 Uhr

MUSIK
Boat Quay

Gegenüber der Raffles Landing Site hat vor fast 20 Jahren die Renovierung begonnen. Anders als an anderen Stellen hat man hier die alte Bausubstanz erhalten, in der sich eine tolle Kneipen-, Bar- und Restaurantlandschaft etablieren konnte. Zahlreiche Pubs bieten Livemusik oder Blues und Karaoke-Lounges. Schauen Sie doch mal bei Harry's@Boat Quay, dem Jazzclub, in dem aber auch andere Oldies gespielt werden, rein.

Marina Bay | 28 Boat Quay | MRT: Raffles Place | Tel. 65 38 30 29 | www.harrys.com.sg | Mo–Do, So 11–1, Fr, Sa 11–2 Uhr

Raffles Landing Site – Ein kleiner Schritt zurück in der Zeit

Genießen Sie am Abend die Idylle der Raffles Landing Site. Hier soll Sir Stamford Raffles einst an Land gegangen sein. Hier kann man unter den Bäumen vor dem Asian Civilisation Museum sitzen und ein wenig »Alt-Singapur« auf sich wirken lassen (▶ S. 13).

Kultur und Unterhaltung | 45

Clarke Quay 4 D4

Nach dem Boat Quay wurde auch flussaufwärts saniert und renoviert. Herausgekommen ist ein zweiter toller Nightspot, der neben Restaurants, Essständen und Souvenirbuden mit tollen Bars und Clubs glänzt. Fans von Blues und Rockmusik müssen zum Crazy Elephant, in dem neben zahlreichen lokalen Künstlern auch Größen wie Deep Purple, Eric Burdon, Robbie Williams und REM auftreten.

Marina Bay | Crazy Elephant, Clarke Quay, 3E River Valley Rd. | MRT: Clarke Quay | Tel. 63 37 78 59 | www.crazyelephant.com | So–Do 17–2, Fr, Sa 17–3 Uhr

Esplanade Outdoor Theatre E4

Kostenlose Live-Rockmusik, dazu eine herrliche Brise vom River und selbst mitgebrachte Getränke genießen? Eine tolle Vorstellung, die man in Singapur an fast jedem Wochenende erleben kann. Das kleine Amphitheater unterhalb der **Esplanade Konzerthalle** 5 steht unmittelbar am Ufer des Singapore River und ist, bei gutem Wetter, an jedem Wochenende Schauplatz für Gigs lokaler Bands. Setzen Sie sich einfach auf die Steinstufen am Fluss oder im Theater selbst, und lauschen Sie den Klängen.

🕐 Vor allem an Wochenenden lohnt hier der Besuch ab etwa 19.30 Uhr, wenn die Bands sich schon warm gespielt haben.

Marina Bay | Marina Promenade | MRT: Esplanade | Fr–So 19–22 Uhr

Weitere empfehlenswerte Adressen finden Sie im Kapitel **SINGAPUR ERKUNDEN**.

Der Clarke Quay (▶ MERIAN TopTen, S. 45) mit seinen zahllosen Restaurants, Nachtklubs und Musikbars hat sich zum Vergnügungsviertel Singapurs gemausert.

FESTE FEIERN

Obwohl jede Kultur in Singapur ihre eigenen Feste hat: Gefeiert wird stets zusammen! Und dabei ist es völlig gleichgültig, ob es sich um religiöse Feierlichkeiten oder um kommerzielle Events handelt.

Das chinesische Neujahrsfest hat bei der großen Zahl hier lebender Chinesen einen hohen Stellenwert. Doch leider steht dem ausgelassenen Feiern die Gesetzgebung im Wege, denn außer dem, natürlich imposanten, Feuerwerk im Marina-Bereich darf leider kein privates Feuerwerk stattfinden (»no littering«!). Wer dennoch nicht darauf verzichten möchte, fährt für diese Zeit ins benachbarte Malaysia und ballert dort, was das Zeug hält.

BRAUCHTUM, PARADEN UND FORMEL 1

Farbenfrohe, prächtige Umzüge erlebt man beim jährlichen Mega-Festival der Hindus. Zum Thaipusam-Fest steht Little India Kopf. Männer geißeln sich, indem sie lange Spieße durch Wangen, Lippen und Zunge bohren, zentnerschwere Metallgestelle auf ihren Schultern balancieren

◀ Das Neujahrsfest (▶ S. 47) ist der wichtigste Feiertag im chinesischen Kalender.

und sich diese Konstruktionen auch noch mit Haken in der Haut des Oberkörpers verankern lassen.

Da ist der Nationalfeiertag weniger martialisch. Rund um den Padang und die Marina Bay finden dann Paraden statt, Reden werden gehalten und auf riesigen Videowänden ausgestrahlt, und ganz Singapur ist stolz auf die geliebte Nation. Das nächste Mega-Event im Jahresgang ist der Große Preis von Singapur, das spektakuläre Nachtrennen auf einem Kurs rund um die Marina Bay.

Zu allen Festen gehört natürlich auch der Kommerz, ganz besonders Mitte des Jahres, wenn zum Great Singapore Sale alles supergünstig angeboten wird und Singaporeaner und Besucher einkaufen, als gäbe es am Folgetag nichts mehr.

JANUAR

Neujahrsfest
Ganz Singapur feiert ausgelassen den Beginn des neuen Jahres.
1. Januar

Ponggal
Beim Erntedankfest der Inder opfert man den Göttern Reis.
Mitte Januar
Sri Srinivasa Perumal Temple, Serangoon Rd.

Thaipusam
Zum größten und wichtigsten hinduistischen Fest kommen alljährlich Tausende von Menschen zusammen. Seit 2000 Jahren zelebriert man das Fest, um dem Gott Murugan, dem Herrscher über die Engelswesen, seine Dankbarkeit zu zollen, betet zu ihm und bringt Opfergaben dar.
Ende Januar/Anfang Februar
Little India, Sri Srinivasa Perumal Temple, Serangoon Rd.

FEBRUAR

Chinesisches Neujahrsfest
Drachen-, Löwentänze und Gesang. Feuerwerk an der Marina Bay.
Bis zum 19. Februar

MÄRZ/APRIL

Quing Ming in Chinatown
Ahnenfest der Chinesen. Man verbrennt Geschenke und Geldscheine.
Ende März/Anfang April

MAI/JUNI/JULI

Vesak Day
Zu Buddhas Geburtstag veranstalten die Inder Lichterprozessionen und lassen Vögel frei.
Vollmondtag im Mai

The Great Singapore Sale
Kein echtes Fest im traditionellen Sinne, aber genauso bunt wird diese Art des Schlussverkaufs begangen. Auf ins Shoppingvergnügen!
Ende Mai bis Ende Juli

Hari Raya Puasa
Das Ende des Fastenmonats Ramadan feiern die Moslems mit Essen, Trinken und Besuchen bei Freunden.
Zwischen Anfang Juni und Ende Juli
Sultan Mosque und Stadtteil Geylang

Drachenbootfest
Drachentänze und eine Ruderregatta auf dem Fluss.
Ende Juni/Anfang Juli
Marina Bay

Singapore Food Festival
Unterschiedliche Restaurants nehmen am Festival teil, um unter wechselnden Themen erlesene oder schlichte traditionelle Gerichte anzubieten.
Juli

AUGUST
Hungry Ghosts Festival
Den wandernden Seelen ihrer Verstorbenen werden üppige Mahlzeiten als Opfer auf den Straßen und zu Hause gebracht. Straßenopern finden statt.
Anfang August
Chinatown

Nationalfeiertag
Umzüge, Paraden, Partys und Lasershows. Viele Geschäfte haben an den Tagen vor und nach dem 9. August geschlossen.
9. August
Marina City Park

SEPTEMBER
Birthday of the Monkey God
Prozessionen, Trance und Geißelungen mit Stahlspießen.
Ende September
Monkey God Temple

Formel 1 – Der Große Preis von Singapur
Seit dem 28. September 2008 ist Singapur neuer Austragungsort der Formel 1. Allerdings nicht eines gewöhnlichen Rennens, sondern erstens eines Stadtrennens (nach Tradition des Großen Preises von Monaco) und zweitens des ersten Nachtrennens in der Geschichte des Grand-Prix-Sports. Der 5,067 km lange Kurs mit seinen 24 Kurven wird insgesamt 61 Runden lang befahren. Die Strecke führt u. a. vom Raffles Link entlang dem Nicoll Highway, zur Raffles Avenue und zur Marina Waterfront. Zigtausende Zuschauer werden alljährlich erwartet, wenn das Rennen gegen 20 Uhr Ortszeit beginnt. Die 309,95 km lange Strecke bietet die Chance von Geschwindigkeiten bis zu 300 km/h, beispielsweise am Raffles Boulevard und auf der Esplanade Bridge, und gute Überholmöglichkeiten. Historische Sehenswürdigkeiten zieren den gesamten Streckenverlauf, wenngleich die Fahrer wohl kaum darauf achten werden, während sie entgegen dem Uhrzeigersinn über den Asphalt donnern. Eine gute Sicht muss natürlich auch nachts gewährt sein, sodass ein ausgeklügeltes Beleuchtungssystem notwendig ist, das mit insgesamt zwölf Generatoren 3,18 Mio. Watt leistet. Zwei bis drei Monate vor dem Rennen wird mit der Aufbauphase begonnen. Die gesamte Anlage wird nach dem Rennen wieder entfernt.
Ende September
www.singaporegp.sg

Mooncake Festival
Laternenumzüge, süße und salzige Mondkuchen und viele Süßigkeiten.

Die schönsten Laternen stehen danach im Chinesischen Garten.
Ende September

OKTOBER/NOVEMBER
Thimithi
Zu Ehren der Göttin Draupadi laufen Hindus über glühende Kohlen.
Mitte Oktober
Sri Mariamman Temple

Deepavali
Zum Lichterfest der Hindus werden in den Tempeln und Häusern von Little India Laternen aufgestellt. Deepavali kommt aus dem Sanskrit und bedeutet »eine Reihe von Lichtern«. Es gibt auch Straßenumzüge, einen Kunsthandwerkermarkt und viele Essstände.
Ende Oktober/Anfang November
Serangoon Rd.

Pilgerfahrt nach Kusu
Chinesen und Moslems pilgern nach Kusu Island, um den Göttern für die Rettung Schiffbrüchiger zu danken.
Ende Oktober/Anfang November

Fest der neun Gottkaiser
In dieser Zeit kommen die neun Gottkaiser zur Erde, um zu heilen und zu segnen. In Chinatown herrscht dann überall buntes Treiben.
Ende Oktober/Anfang November
Chinatown

DEZEMBER
Weihnachten
Hell leuchten die Lichterketten in der Orchard Road zum alljährlichen »Singapore Light-up«.
25. Dezember
Orchard Road

Beim Hindu-Fest Deepavali (▶ S. 49) wird mit vielen Kerzen und Laternenumzügen der Sieg des Lichts über das Dunkel und damit symbolisch des Guten über das Böse gefeiert.

MIT ALLEN SINNEN
Singapur spüren & erleben

*Reisen – das bedeutet aufregende Gerüche und neue Geschmacks-
erlebnisse, intensive Farben, unbekannte Klänge und unerwartete
Einsichten; denn unterwegs ist Ihr Geist auf besondere Art und Weise
geschärft. Also, lassen Sie sich mit unseren Empfehlungen
auf das Leben vor Ort ein, fordern Sie Ihre Sinne heraus und erleben
Sie Inspiration. Es wird Ihnen unter die Haut gehen!*

◀ Ein mythologisches Bilderbuch: die Fassade des Sri Mariamman Temple (▶ S. 51).

SEHENSWERTES
Räucherstäbchen, Jasmin und Musik – Zu Gast im Sri Mariamman Temple 🧿 D 5

Dieser älteste Hindutempel Singapurs wurde bereits um 1827 als Gebäude aus Holz und Attap-Matten (Flechtmatten aus Palmblättern und Gräsern) errichtet. Seit 1843 ergänzen Ziegelmauern das Bauwerk. Glocken zieren die Eingangstüren, zahllose Götterfresken die Wände und Decken. Gläubige Hindus beten hier zur Göttin Sri Mariamman, um von Krankheiten geheilt bzw. vor ihnen geschützt zu werden. Alljährlich im Oktober ist der Tempel Hauptschauplatz des Thimithi-Festes (▶ S. 49), zu dem Gläubige über glühende Kohlen laufen.

Ziehen Sie vor Betreten des Tempels Ihre Schuhe aus! Genießen Sie die eigenwillige Mischung aus Räucherstäbchen und Jasmin-Geruch der in der Luft hängt, die gemurmelten Gebete der Gläubigen sowie die traditionelle Musik, die vor allem abends die Luft zum Schwingen bringt.

Nach dem Besuch sollten Sie noch einen Blick auf die Jamae-Moschee, nur einen Block weiter nördlich, werfen. Dieses Zentrum islamischen Glaubens wurde 1834 errichtet und zeigt durch die Nähe zum Hindutempel nochmals deutlich die Mischung unterschiedlicher Kulturen in Singapur und deren friedliches Nebeneinander.

Chinatown | 244 South Bridge Rd. | MRT: Chinatown | tgl. 7–12 und 18–21 Uhr | Eintritt frei, für Fotos werden 3 S$ berechnet, für Videos 6 S$

MUSEEN UND GALERIEN
Chinatown Heritage Centre 🧿 D 5

Chinatown hat mittlerweile sein Gesicht so sehr verändert, dass man bemüht ist, das alte Chinatown immer mehr zu bewahren. Zugleich soll Touristen aber auch anschaulich vor Augen geführt werden, wie Singapur eigentlich entstanden ist. Für das Chinatown Heritage Centre wurden mehrere zusammenhängende Gebäude restauriert und auf mehreren Etagen mit vielen gestifteten Ausstellungsstücken zu einem eindrucksvollen Museum umgebaut. Neben den Exponaten kommen in Bild und Tonsequenzen zahlreiche Menschen zu Wort, die über ihr Schicksal und ihren Alltag im aufstrebenden Stadtstaat berichten. Besonders eindruckvoll sind die vielen Nachbauten von Szenen aus dem häuslichen Leben der Kulis, die in oft winzigen Verschlägen unter ärmlichsten Verhältnissen leben mussten, dabei aber trotzdem nicht in Verzweiflung verfielen und ihre Traditionen beibehielten.

Chinatown | 48 Pagoda St. | MRT: Chinatown | www.chinatownheritage.com.sg | tgl. 9–18 Uhr | stdl. Führungen | Eintritt 10 S$, Kinder 6 S$

ESSEN UND TRINKEN

Koloniales Flair beim High Tea im Raffles Hotel ⟶ E3

Raus aus den Urlaubsklamotten und rasch ein wenig aufstylen. Die Herren tragen ein Polo- oder Businesshemd sowie eine lange Hose und geschlossene Schuhe, die Damen Kleid, Rock und Bluse, lange Hosen, Sandalen oder geschlossene Schuhe, und los geht's zum Tiffin Room im altehrwürdigen Raffles Hotel. Täglich zwischen 15 und 17.30 Uhr gibt es hier den High Tea, also in etwa die »Kaffeezeit«, mit Tee, Kaffee, würzigem Fingerfood und allerlei süßem Gebäck (klassisch kolonial-englisch). Beim leisen Klappern von filigranen Tassen und vor sich hin plätschernden Gesprächen, lässig zurückgelehnt auf eleganten Holzstühlen, fühlt man sich fast ein klein wenig wie zu Zeiten von Kiplings berühmtem »Dschungelbuch«. Wen würde es wundern, wenn jetzt noch ein Tiger durch den Garten streift? Einmal muss man dieses Erlebnis während des Besuches in der Stadt einfach haben. Wenn man dann doch vom reichlich aufgefahrenen Buffet genug hat, kann man natürlich noch einen original Singapore Sling (27 S$) in der Long Bar direkt gegenüber genießen.

Raffles | 1 Beach Rd. | MRT: City Hall | www.raffles.com | Tel. 64 12 18 16 | High Tea von 15–17.30 Uhr | Preis 58 S$

AKTIVITÄTEN

Singapur auf Schusters Rappen – The Original Singapore Walks

Die Stadt mit Menschen aus der Stadt zu erleben ist wohl der beste Weg, Singapur richtig zu begreifen. Bei den 2,5 bis 3 Std. langen Spaziergängen, die bei jedem Wetter stattfinden, werden sie von Experten für ihre Stadt und ihre Tour geführt. Da gibt es neben den ganz offensichtlichen Erklärungen zu den Attraktionen auch schon mal individuelle Schmankerl aus der eigenen Jugend oder Anekdoten. Die Touren führen nach Little India, in die Chinatown oder den Colonial District, am Fluss entlang aber auch nach Changi in das ehemalige Kriegsgefangenenlager. Vorbuchungen sind nicht notwendig, außer man hat mehr als acht Personen in seiner Reisegruppe, Treffpunkt ist jeweils ein Museum oder eine MRT-Haltestelle, an der Ihr Guide, erkennbar am Button des Singapore Tourism Board und den Broschüren des Unternehmens, wartet. Bei ihm wird auch direkt gezahlt, Vorkasse ist nicht erforderlich.

The Original Singapore Walks | www.journeys.com.sg | Tel. 63 25 16 31 | tgl. 9.30–13 Uhr | ab 35 S$

Die Stadt vom Wasser aus erkunden ⟶ F5

Sind Sie fußmüde oder möchten Sie interessante Details der Stadt aus einer anderen Perspektive sehen, dann ist eine Fahrt mit dem »bumboat« gerade richtig. An mehreren Jettys (Bootsanleger) am Fluss kann man diese Holzboote besteigen, die einst dazu dienten vor Reede liegende Frachtschiffe zu be- und entladen oder die Besatzung zum Landgang zu holen und nunmehr genutzt werden, um Touristen einen herrlichen Blick auf **Boat und Clarke Quay** ⭐ sowie den Marina-Bay-Bereich zu ermöglichen. Eine solche 40-minütige Tour bietet auch die Chance, das Wahrzeichen **Merlion** ⭐ vom Wasser aus zu sehen oder – fast noch toller – mitten im Geschehen zu sein, wenn die Lasershow des Marina Bay Sands abends stattfindet. Unnötig zu sagen, dass die Fahrt im Sonnenuntergang sicherlich die tollsten Eindrücke und Fotos ermöglicht.

Marina Bay | Singapore River Cruise, Jettys am Singapore River | MRT: Raffles Place, Clarke Quay | Tel. 63 36 61 11 | www.rivercruise.com.sg | tgl. 9–23 Uhr, die letzte Fahrt beginnt um 22.30 Uhr

Kilometerlanger Sandstrand und Tropenidylle ▶ Klappe vorne, e 4

Singapur ist nicht nur eine Mega-City, sondern besitzt auch einen viele Kilometer langen Sandstrand, an den die Meereswellen sanft anbranden. Der fast von der Stadt aus bis zum Changi Airport führende Strand ist gesäumt von Schatten spendenden Kokospalmen und Kasuarinen und lädt zum Ausruhen, zu erholsamen Spaziergängen, Baden oder Sonnenbaden, Grillen oder Zelten ein. Wer einmal erleben möchte, wie Singaporeaner ihre Freizeit verbringen, kommt am besten am Wochenende her, von Ruhe oder gar Idylle ist dann aber nichts mehr zu spüren. Ruhesuchende meiden besser das Wochenende. Verschiedene Restaurants kümmern sich um das leibliche Wohl.

East Coast | East Coast Parkway/East Coast Park Service Rd. | MRT: Bedok, dann Taxi | www.nparks.gov.sg, www.yoursingapore.com

Dem Maskottchen Singapurs, dem Wasser speienden Merlion (▶ MERIAN TopTen, S. 53), begegnet man auch bei einer Bootsfahrt auf dem Singapore River.

Im Fokus
Garden City Singapur – Vision von einem gezähmten »Garten Eden«

Auf den ersten Blick ist Singapur eine Mega-City mit gigantischen Gebäuden, einem weitverzweigten Straßennetz und vielen Logistikeinrichtungen. Doch versinkt sie keineswegs in einem grauen Häusermeer, denn überall ist reichlich Grün angesagt.

In Singapur wohnen auf begrenztem Raum etliche Millionen Menschen, und Hunderttausende Touristen kommen jährlich dazu. Nicht gerechnet die Tausenden von Arbeitern und Angestellten, die täglich vor allem aus Malaysia mit dem Moped, dem Bus oder dem Auto einreisen, um hier ihrem Broterwerb nachzugehen. Für die Büros, Hotels, Shoppingmalls und Freizeiteinrichtungen wurden und werden immer neue Hochhaustürme gebaut, und die Menschen wohnen überwiegend in vielgeschossigen Appartementgebäuden rund um das Zentrum. Land wird beständig dem Meer abgerungen, zuletzt mit dem großen Bereich an der Mündung des Singapore River. Hier entstanden das spektakuläre Marina Bay Sands, eine luxuriöse Mall, eine Ausstellungs- und Konzerthalle, ein Casino und der neue botanische Garden by the Bay. Wenn man in Singapur nicht nach oben oder ins Meer hinein baut, dann kurzerhand unterirdisch.

◀ Dschungel vor der Stadt: der Bukit Timah
Nationalpark (▶ MERIAN TopTen, S. 32).

Neben der MRT und den unterirdischen Malls an der Orchard Road verbindet auch ein unterirdischer »Link« das Gebiet zwischen Raffles Place und Esplanade bzw. Suntec City.

MIT DER NATUR AUF TUCHFÜHLUNG

Bleibt da noch Platz für Grün, für Natur. Die Antwort ist ein klares Ja, denn schließlich lobt sich Singapur schon lange wegen seiner hohen Lebensqualität, die die Menschen hier schätzen. Und die entsteht nicht durch eine stetig steigende Zahl an Shopping-Malls, sondern vor allem weil Singapur so »grün« ist. Da ist zunächst einmal die rigorose Politik der Erziehung der Bevölkerung zur Sauberkeit zu nennen, die aller Häme aus anderen Ländern zum Trotz, stetig weitergeführt wurde, solche Kuriositäten wie das Kaugummi-Einfuhrverbot hervorbrachte, dafür aber die Bewohner und Besucher mit einer so sauberen Stadt belohnt, die weltweit ihresgleichen sucht.

Auf der anderen Seite geht man schon seit Jahren gegen den Verkehrskollaps vor, der in anderen Städten der Region gravierende Ausmaße angenommen hat. Ein perfektes Schnellbahnsystem, zusätzlich viele Busstrecken und jede Menge Taxis ermöglichen einen effizienten Personenverkehr. Wer dennoch mit dem Auto fahren möchte (leider sind das immer noch sehr viele), muss dafür kräftig zahlen. Neben hohen Einfuhrsteuern auf Fahrzeuge muss zunächst eine COE (»certificate of entitlement« = Lizenz zum Fahren des Autos, kostet derzeit um die 70 000 S$, www.onemonitoring.com.sg) ersteigert werden, die für zehn Jahre für das Fahrzeug gilt und danach erneut ersteigert werden muss. Dazu kommen die Einfuhrzölle von ca. 140 % auf den Fahrzeugpreis sowie eine Kfz-Steuer von mindestens 500 S$/Jahr und auf vielen Strecken eine Maut, die abhängig von der Tageszeit ist. Von den vergleichsweise hohen Benzinkosten nicht zu sprechen. Doch da könnte man ja im Nachbarland Malaysia günstig tanken, ist es doch nur wenige Kilometer entfernt. Nein, geht leider nicht, denn in Singapur zugelassene Fahrzeuge müssen bei der Ausreise einen mindestens zu drei Viertel gefüllten Tank vorweisen können! Auch im Baugewerbe zeigt sich ein Umdenken, neue Gebäude werden aus Recycling-Materialien gebaut, müssen natürliche Belüftungen besitzen und neben Unterstellmöglichkeiten für Fahrräder auch Ladestationen für Elektrofahrzeuge bieten.

Da werden doch einmal zukunftsweisende »grüne« Ideen umgesetzt, mag so mancher nun denken, doch weit gefehlt, denn was sich so innovativ anhört, ist in der »Löwenstadt« schon uralt. Schließlich war bis zur Ankunft der Briten der größte Teil der Insel mit tropischem Regenwald bewaldet, und zwar mit einem der ältesten und artenreichsten der Erde.

VISION VON EINER GARTENSTADT

Das änderte sich mit dem »Aufschwung« unter britischer und japanischer Besatzung massiv, denn schließlich hatte die wirtschaftliche Expansion allererste Priorität. Das blieb auch so im ab 1965 eigenständigen Staat, wenngleich Lee Kuan Yew, der erste Premierminister des Landes, schon in den 1960er-Jahren die Vision von Singapur als »Garden City« hatte. So waren die ökologischen Probleme der Metropole und deren Lösung nur ein Aspekt des »grünen« Charakters.

Singapur ist aber auch »grün« im wörtlichen Sinne. Das erkennt man schon bei der Ankunft am Changi Airport. Überall im Terminal, beim Immigration und der Gepäckausgabe gibt es Inseln mit blühenden Orchideen und anderen tropischen Gewächsen. Zwischen den Fahrspuren der Zufahrtsstraßen stehen Bäume in Rasenflächen, und wo immer etwas Platz ist, wachsen Pflanzen – aber stets gut getrimmt. Wildwuchs wird nicht gern gesehen in einem Staat, der seine Ziele nur durch Überwachung umzusetzen weiß.

DSCHUNGEL AUF DEM DACH

Und der Bewuchs nimmt zu. Ob in Malls oder Hotels, an Straßen und Plätzen, überall wird begrünt. Mittlerweile auch an Fassaden mit der sogenannten »vertikalen Begrünung«, bei der eine Vielzahl von Pflanzen in kleinen Behältern an den Wänden eingehängt werden. Zudem werden Dächer begrünt und sogar schon Privathäuser mit komplett begrünter Fassade gebaut. Doch stets gilt es, alles nach strengen Regeln und eben überwacht zu bauen, auch wegen der Bewohner, die ihr Sicherheitsbedürfnis am besten durch den Staat geregelt wissen möchten. So kam es schon zu Beschwerden von Anwohnern, die sich plötzlich einer vergessenen Spezies gegenüber sahen: Bienen. Bis in den 27. Stock eines Hauses waren diese Insekten vorgerückt, hatten im Grün der Fassade ihr Nest errichtet und ahnungslose Bewohner gestochen – ein Skandal. Doch der Staat erklärt dies seinen Bürgern in Kampagnen, denn schließlich kann man durch die Maßnahmen schon ein besseres Mikroklima in der Stadt messen, und da muss sich der Mensch auch mit diesen »Plagegeistern«

arrangieren. Und der Staat tut noch mehr. Architekten aus aller Welt können hier ihre Ideen einbringen, künstliche Wasserfälle sind ebenso denkbar wie die Renaturierung bestehender Gewässer wie z. B. des bisher im Betonbett fließenden Kallang, in dem nun wieder Kinder baden können. In Planung sind derzeit auch Gebäude, die einen eigenen Dschungel auf dem Dach bekommen sollen, der dann öffentlich zugänglich sein soll. Scheinbar ein Paradoxon, denn schließlich besitzt Singapur immer noch eigenen und natürlichen Dschungel. Doch der liegt außerhalb der City und ist etwas schwieriger zu überwachen, wenngleich auch hier Dschungelwanderwege regelmäßig gefegt werden und man Blitzableiter an Baumriesen sieht. Hier, im Bukit Timah Nationalpark findet man auch noch eine große Population von Javaneraffen (Macaca fascicularis), die – es Südostasienkenner wissen es – als Kulturfolger zu einer echten Plage werden können. Warnen andernorts schon mal Schilder vor menschlichen »pickpockets« (Taschendieben), so gibt es hier Hinweise auf die Affen, die nur zu gern in Taschen greifen, wenn diese unbeobachtet herumstehen, aber auch schon mal fauchend angerannt kommen und vermeintliche Leckereien vom Besucher rauben möchten.

UNGEZÜGELTE NATUR MACHT ANGST

So kann man in verschiedenen Nationalparks oft stundenlang unterwegs sein und wie die Entdecker vor Jahrhunderten marschieren, beobachten, staunen und schwitzen. Meist relativ allein, denn ungezähmte Natur macht vielen Menschen Angst. Dies geht sogar so weit, dass man z. B. im Sungai Buloh Nature Reserve Schilder aufgestellt hat, die vor Giftschlangen warnen.

Zu diesen Nationalparks kommen dann noch Parkanlagen wie der Botanische Garten in der Nähe der Orchard Road und der neue gigantische Gardens by the Bay. Dieses Mega-Projekt steht auf einer Landzunge am Singapore River, die in jahrelanger Arbeit im Meer künstlich aufgeschüttet wurde und nun einen botanischen Garten Eden beherbergt, der in riesigen Hallen Pflanzen aus den verschiedenen Klimazonen der Erde zeigt und mit perfekter Technik ausgerüstet ist, die ausschließlich autark betrieben wird. So sammeln riesige, in gigantischen Metallbäumen (den »supertrees«) eingebaute Zisternen das benötigte Regenwasser auf, und Sonnenpanele erzeugen die Energie, die zum Betrieb der gesamten Anlage notwendig ist.

Lee Kuan Yews Vision von der Gartenstadt wird immer mehr Realität, an Kleinigkeiten wird noch gearbeitet.

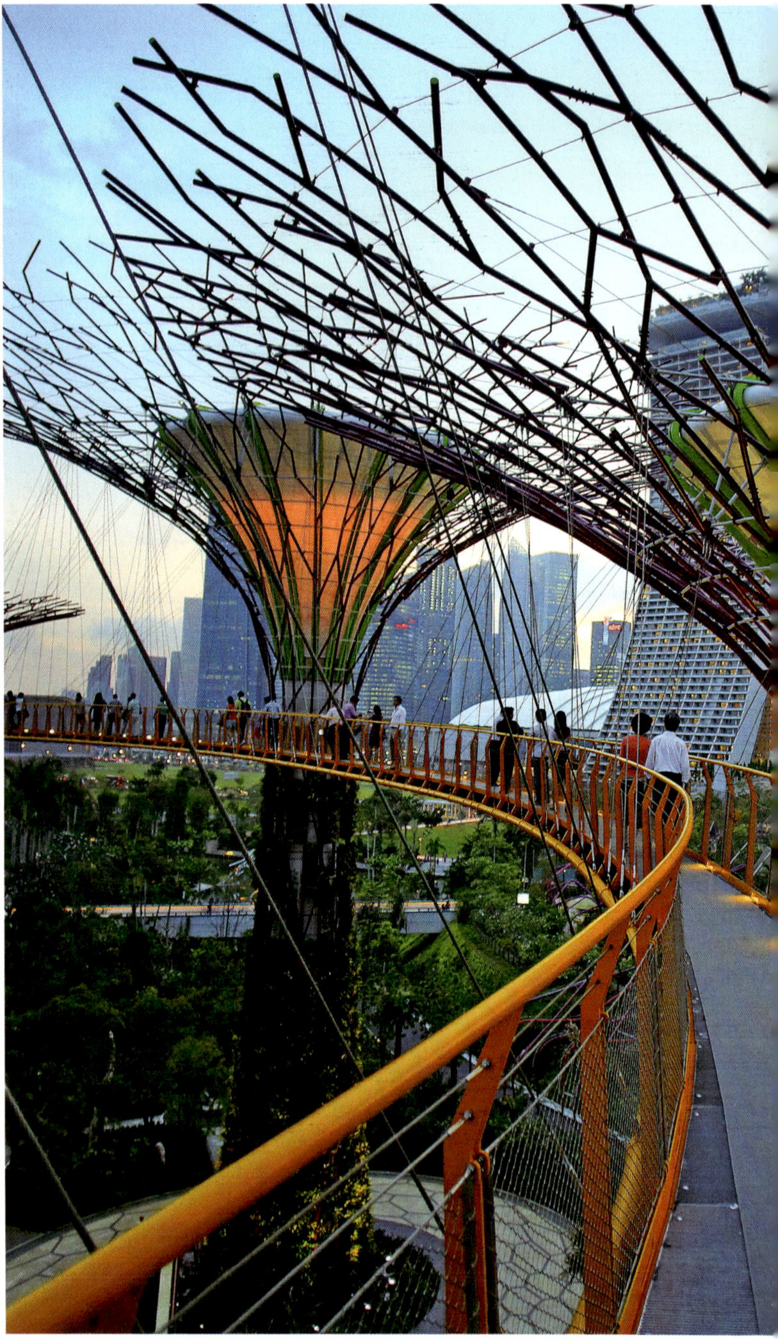

SINGAPUR ERKUNDEN

Stählerne »supertrees« am Eingang der Gardens by the Bay (▶ MERIAN TopTen, S. 78).

EINHEIMISCHE EMPFEHLEN

Die schönsten Seiten Singapurs kennen am besten diejenigen, die diese Stadt seit Langem oder schon immer ihr Zuhause nennen. Drei dieser Bewohner lassen wir hier zu Wort kommen – Menschen, die eines gemeinsam haben: die Liebe zu ihrer Stadt.

Sim Kok Chwee, Journalist und Fotograf

Ich habe meine kleine Oase in der Stadt gefunden: Der Botanische Garten ist ein herrlicher Ort, an dem tropische Hartholzbäume und blühende Sträucher stehen, dazwischen immer wieder Inseln mit Heliconien, Ingwer, Bambus oder exotischen Palmen. Ganz besonders fasziniert mich der Orchideengarten mit seinen Vanda- (darunter die Vanda Miss Joaquim, die Nationalblume Singapurs), Dendrobium- und Phalenopsis-Orchideen. Am Burkhill Hall Bungalow tragen die Orchideen Namen von berühmten Staatsoberhäuptern (Präsidenten und Königen), die in Singapur zu Gast waren.

Die reich blühende Orchidee Vanda Miss Joaquim (▶ S. 60) ist die Nationalblume Singapurs; entdeckt wurde sie 1893 und nach ihrer Züchterin Miss Agnes Joaquim benannt.

Ich liebe den Nachmittag auf dem Fort Canning Hill ebenso wie eine Fahrradtour auf Pulau Ubin.

Mike Foo, Landschaftsgestalter

Ich habe in Singapur studiert und lange gearbeitet. Das rasante Wachstum der Stadt hat mich fasziniert, zugleich aber auch erschreckt. Hier ist alles reglementiert und geordnet. Das mag ich sehr, genauso wie die Sauberkeit. Ich liebe es, entlang der **Orchard Road** 7 zu flanieren, abends einen Drink am **Boat Quay** 4 zu nehmen und dabei in den Sonnenuntergang zu blicken. Mir gefallen ganz besonders immer wieder der Besuch im Asian Civilisation Museum, aber auch die Geschichten, die sich um die Zeit des Krieges drehen, denn schließlich war auch meine Familie in Malaysia betroffen. So besuche ich immer wieder einmal die Changi Prison Chapel.

Winston Cheong, Bankangestellter

Ich mag an der Stadt ihren kosmopolitischen Charakter. Hier kann ich abends toll ausgehen und z. B. im Paulaner Brauhaus ein deutsches Bier trinken, um später im Ku Dé Ta lecker asiatisch zu essen und eventuell der Livemusik am Esplanade Outdoor Theatre lauschen. Natürlich müssen Touristen sich insbesondere auch Chinatown ansehen und hier essen. Sehr lecker ist es im Maxwell Hawker Centre, vor allem im Tian Tian Hainanese Chicken Rice Foodstall, wo 2013 auch der Sternekoch Gordon Ramsey im Rahmen des »Hawker Heroes Challenge« mitkochte. Was ich nicht so mag, sind der stark geregelte Verkehr und die hohen Kosten für mein Auto, denn ich bin ein Autoenthusiat und freue mich am meisten auf das alljährliche Formel-1-Rennen.

> »Ich liebe es, am Abend einen Drink am Boat Quay zu nehmen und dabei in den Sonnenuntergang zu blicken.«
>
> Mike Foo

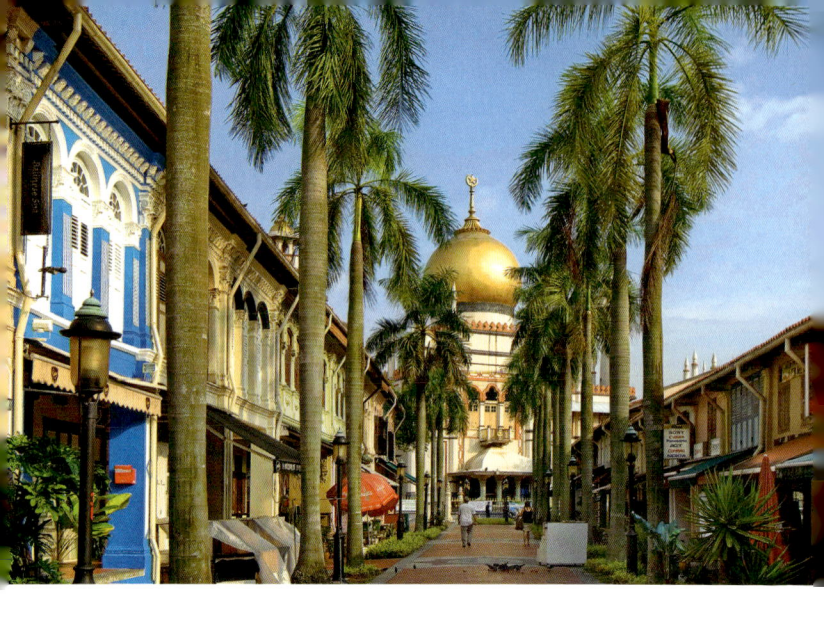

KAMPONG GLAM – RUND UM DIE ARAB STREET

Rund um die Arab Street lernt man das moslemische Erbe der Stadt kennen. Obwohl der Name nur eine einzelne Straße bezeichnet, ist damit doch das gesamte umliegende Viertel, Kampong Glam, gemeint.

Der Stadtteil reicht sogar bis zum Raffles Hotel, und Sir Stamford Raffles selbst hatte Einfluss auf die Entstehung des Viertels. Im Malaiischen bedeutet »kampong« Dorf, und »glam« ist der malaiische Name für eine Baumart, die sich vor allem für den Bau von Booten eignet. Aus diesem Grund wurde diese Gegend im heutigen Singapur schon lange vor der Ankunft der Europäer von Seefahrern genutzt, um im Sumpf Bau- und Reparaturholz zu schlagen. Als 1819 die Schiffe der East India Company landeten und Farquhar und Raffles schießlich den Vertrag mit dem Sultan unterzeichneten, begann sich auch das Gebiet um Kampong Glam stärker zu entwickeln. Raffles begann, seine Idee von Singapur zu entwickeln und ließ von indischen Arbeitern den Sumpf um Kampong Glam

◀ Noch immer verströmen die Läden der Arab Street (▶ S. 63) orientalisches Flair.

trockenlegen. Teil seiner Vision war es, nach Rassen getrennte Wohn- und Lebensviertel zu schaffen, und so wies er Malaien und Arabern das Gebiet um die heutige Arab Street zu. Der Sultan von Johor ließ hier seine Residenz errichten: Istana Kampong Glam. Somit war das Viertel islamisch beeinflusst. Heute leben hier vorwiegend Malaien, Araber und islamische Inder. Ihre Kultur prägt das Viertel: Hier steht eine Moschee, Frauen tragen Schleier oder zumindest Kopftücher, Männer zum Zeichen der Pilgerfahrt nach Mekka die traditionelle Kopfbedeckung.

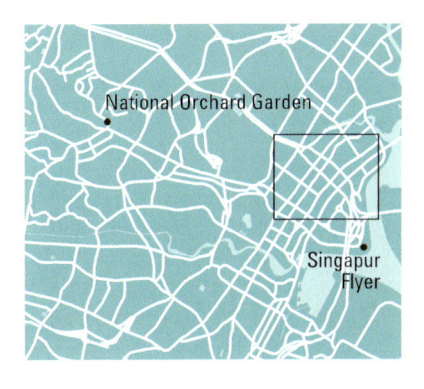

MALAIISCHE TRADITIONEN

Dieser Stadtteil bietet interessante Straßen, in denen man noch das ursprünglich malaiisch-arabische Leben erleben kann. Besonders am Morgen wird hier gehandelt, ent- und beladen, geschwatzt und geschwitzt. In einem der kleinen »roti prata«-Restaurants sollte man das leckere Fladenbrot probieren. Im gesamten Viertel wurden alte »shophouses« renoviert, unter den Arkaden befinden sich zahllose Stoffgeschäfte. Händler preisen Vorhänge und Teppiche an, andere Traditionelles für die Pilgerreise nach Mekka; Letztere ist für jeden Gläubigen ein Muss, um den Titel »haji« tragen zu dürfen. In der Parallelstraße arbeiteten früher die Pilger, um sich die Überfahrt nach Jeddah zu verdienen. Folgerichtig erhielt sie den Namen Haji Lane.

SEHENSWERTES

❶ Arab Street E/F 2/3

In dieser Straße laden Arkaden zum Schlendern ein. Neben traditionellen Kleidungsstücken wie Sarongs auch Haushaltsutensilien und Webarbeiten, findet man in den Läden auch nützliche Dinge aus Rattan (Wäschekörbe, Stühle etc.) und Teppiche.

❷ Bussorah Street F 3

Diese Straße hat trotz Restaurierung viel von ihrem alten Charme und Charakter bewahren können. Geht man auf die Moschee zu, so stehen auf der rechten Straßenseite noch die alten »shophouses« aus der Zeit zwischen 1840 und 1900. Sie sind zwar in hübschen Pastelltönen bemalt, aber ihre gedrungene Bauweise und das Fehlen ornamentaler Verzierungen weisen auf die Entstehung in weniger wohlhabenden Zeiten hin. Anders verhält es sich auf der gegenüberliegenden Seite. Auch hier stehen farbenfroh bemalte »shophouses«, doch diese sind zweigeschossig, besitzen auch im oberen Geschoss hohe Fenster und sind mit zahlreichen Elementen aus europäischer und asiatischer Bauweise (hölzerne malaiische Dachüberstände, mediterrane Rundbogenfenster mit Lüftungsschlitzen) verziert. Gebaut wurden sie zu einer Zeit, als der Wohlstand hier bereits Einzug gehalten hatte, etwa ab 1930.

3 Haji Lane F3
Einst das Zentrum für diejenigen, die dringend noch Geld für die Pilgerfahrt nach Mekka brauchten und hier Arbeit suchten, aber auch für die, die noch Dinge für die lange Reise benötigten. So entwickelte sich hier eine Art Handelszentrum, das so gut wie alles verkaufte. Auch heute findet man hier noch zahlreiche Shops, die schon seit den 1950er-Jahren existieren. Seit einigen Jahren haben sich auch neue, hippe Geschäfte angesiedelt, die vor allem junge Kunden in diesen bunten Straßenzug locken.

4 Malay Heritage Centre/Istana Kampong Glam F3
Wer keine Gelegenheit hat, das Nachbarland Singapurs kennenzulernen, kann dies hier im Schnelldurchgang tun. Neben einem Museum werden auch klassische Handwerkskünste wie Drachen- oder Kreiselbau gezeigt. Tanzvorführungen runden das Programm ab. In den Außenanlagen hat man einen typischen Garten malaiischer Paläste des vorigen Jahrhunderts angelegt, mit einem Ruhepavillon, einer Kutsche und einem hölzernen Boot der Bugis (einer Volksgruppe aus dem indonesischen Inselreich, die als Seefahrer ganz Südostasien bereisten und ihre kulturellen Spuren hinterließen).
Sultan Gate 85 | MRT· Lavender, Bugis | www.malayheritage.org.sg | Garten Di–So 8–20, Fr und Sa bis 22 Uhr, Museum Di–So 10–18 Uhr | Eintritt 4 S$

5 Sultan Mosque F3
Goldglänzend erhebt sich die Kuppel der 1928 eingeweihten Moschee über dem islamischen Viertel der Stadt. Mit ihrer Kuppel aus massivem Gold und der riesigen Gebetshalle, ausgelegt mit Teppichen aus den arabischen Emiraten, gehört sie zu den bedeutendsten religiösen Gebäuden Singapurs. Achten Sie auf den Kranz unterhalb der Kuppel. Hunderte von Flaschenböden formen den Ring, aber niemand weiß, warum gerade hier Flaschen eingearbeitet wurden.
3 Muscat St. | MRT: Bugis | www.sultanmosque.org.sg | mehrsprachige Führungen Mo–So 9.30–12, 14–16, Fr 14.30–16 Uhr

ESSEN UND TRINKEN
RESTAURANTS

6 Alaturka Mediterranean & Turkish Restaurant F3
Sisha-Atmosphäre – Das türkisch-arabische Restaurant tischt Leckereien aus dem Gebiet des östlichen Mittelmeeres auf.
16 Bussorah St. | MRT: Bugis | Tel. 62 94 03 04 | www.alaturka.com.sg | tgl. 11–23 Uhr | €€

Kampong Glam – Rund um die Arab Street | 65

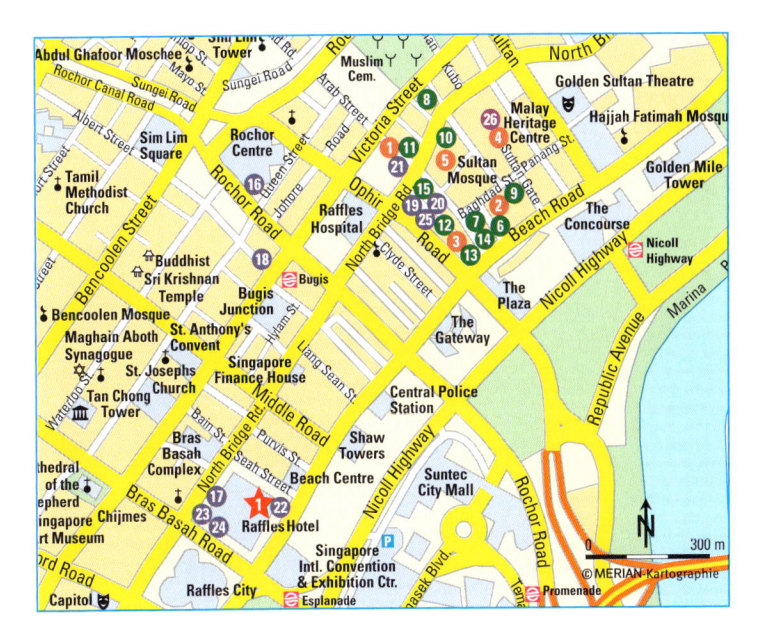

❼ Café Le Caire F3
Arabische Küche – Im typischen Ambiente des Mittleren Ostens kann man hier seit 2001 die Köstlichkeiten der arabischen Küche genießen, dazu gehören neben Falafel und »shawarma« (in Fladenbrot gewickeltes Fleisch) auch Kebabs und Wraps. Viele antialkoholische Getränke, türkischer Kaffee und typisch arabische Desserts.
39 Arab St. | MRT: Bugis | Tel. 62 92 09 79 | www.cafelecaire.com | So–Do 10–15.30, Fr, Sa 10–17.30 Uhr | €€–€€€

❽ Islamic F2/3
Seit den 1950er-Jahren begehrt – Südindisch-moslemische Gerichte im Herzen des islamischen Viertels. Ausgezeichneter »murtabak«.
745 North Bridge Rd. | MRT: Bugis | Tel. 62 98 75 63 | tgl. 10–22 Uhr | €

❾ Kampong Glam Café F3
Typisch malaiisch – In dem kleinen »kedai kopi« bekommt man alles, was der Islam als »halal«, also erlaubt, bezeichnet. Nudel- und Reisgerichte sowie leckeres »gado-gado«.
22 Baghdad St. | MRT: Bugis | Tel. 93 85 94 52 | tgl. 12–23 Uhr | €€

❿ Warong Nasi Pariaman F3
Malaiisch – Allerlei Reisgerichte und leckere Sate-Fleischspießchen.
738 North Bridge Rd. | MRT: Bugis | Tel. 62 92 59 58 | Mo–Sa 7.30–15 Uhr | €

⓫ Zam Zam F3
Südindisch-moslemische Küche – Sehr feiner »murtabak« und würzige »briyani«-Reis-Gerichte.
697 North Bridge Rd. | MRT: Bugis | Tel. 62 98 63 20 | tgl. 8–23 Uhr | €

Einst deckte man sich in den »shophouses« der Haji Lane (▶ S. 64) mit allem Nötigen für die Pilgerfahrt nach Mekka ein, heute regieren hier Fashion und Design.

CAFÉS

⑫ CAD Café, Design Café F3
Verschiedene Kaffeesorten und feines Gebäck im Ambiente eines ehemaligen »shophouse«.
23 Haji Lane | MRT: Bugis | www.cad.sg | Mo–Mi 8–22, Do, Fr 8–24, Sa 10–24, So 10–22 Uhr | €

⑬ The Ice Cream Man F3
Die selbst gemachten Eissorten schmecken einfach köstlich.
7 Haji Lane | MRT: Bugis | Tel. 63 98 09 19 | Di–Do 13–23, Fr 13–1, Sa 14–1, So 14–22 Uhr | €

⑭ Pluck F3
In dem kleinen Ladenlokal gibt es vor allem leckere Eiscreme und Gebäck wie Brownies.
31/33 Haji Lane | MRT: Bugis | Tel. 63 96 40 46 | Mo–Sa 11–20, So 13–19 Uhr | €

BARS

⑮ Bar Stories F3
Nicht ganz leicht zu finden, aber lohnend, denn hier werden gute Cocktails gemixt, und zu jedem Drink gibt es eine Geschichte zu erzählen. Breite Palette an Cocktails. Entspannte Atmosphäre, freundliches Personal.

55/57A Haji Lane | MRT: Bugis | www.barstories.com.sg | Tel. 62 98 08 38 | So–Do 15–1, Fr, Sa 15–2 Uhr | €€

EINKAUFEN

LEBENSMITTEL

16 NTUC Fairprice Supermarket　　🕮 E3

Gekühlte Getränke, Snacks (von süß bis herzhaft).
1 Rochor Rd. | MRT: Bugis | www.fairprice.com.sg | tgl. 7–22 Uhr

LEDERWAREN

17 Étienne Aigner Boutique　　🕮 E3

Exklusive Taschen, Gürtel und Koffer des bekannten Designers.
Raffles | 01–12 Raffles Hotel | MRT: City Hall

MÄRKTE

18 Bugis Street ▶ S. 37

MODE

19 Know It Nothing　　🕮 F3

Trendiges Designer-Outfit. Alle Stücke sollen von der Umgebung inspiriert sein und so den Alltag abbilden. So findet man z. T. auch Modelle, die zwischen Mode und Industrie liegen, z. B. Businesshemden mit großen Applikationen aus Silber.
51 Haji Lane | MRT: Bugis | Tel. 63 92 54 75 | www.knowitnothing.com

20 Sup Clothing　　🕮 F3

Sehr trendige Kleidung und Accessoires aus der Szene der Skater, Hip-Hopper und des Punk. Gestaltet wurde das Geschäft von lokalen Graffiti-Künstlern.
34 Haji Lane | MRT: Bugis | Tel. 62 97 93 84 | Mo–So 13–20 Uhr

SOUVENIRS UND GESCHENKE

21 Arab Street　　🕮 F3

Überall in den Straßen des islamischen Viertels werden Batikstoffe und wunderschöne Sarongs verkauft. Wer das Glitzern von Halbedelsteinen mag oder aromatisch riechende Öle sucht, ist hier ebenfalls goldrichtig.
MRT: Bugis

22 The Flower People　　🕮 E3

Ein wunderschönes Souvenir aus Singapur sind Orchideenrispen. Im Laden werden sie flugtauglich verpackt und halten daheim dann mehrere Wochen.
01–10, 3 Sheah St. (neben dem Raffles Hotel) | MRT: City Hall

WOHNEN UND HAUSHALT

23 Lotus Arts de Vivre　　🕮 E3

Teure und erlesene Stücke aus China, Indien und Thailand.
Orchard Road | 01–28 Raffles Hotel, North Bridge Rd. | MRT: City Hall

24 Museum Shop ▶ S. 37

25 Salad　　🕮 F3

Zwar gibt es hier weder frisches Gemüse noch Salat, aber alle Hilfsmittel, die man zur Zubereitung braucht: Haushaltswaren, Kitsch und Nützliches für den Alltag.
25 Haji Lane | MRT: Bugis | Mo–So 13–22 Uhr

KULTUR UND UNTERHALTUNG

26 Malay Heritage Centre　　🕮 F3

Regelmäßig Tanzvorführungen aus der malaiischen Kultur (▶ S. 64).
Sultan Gate 85 | MRT: Lavender, Bugis | Tel. 63 91 04 50 | www.malayheritage.org.sg

LITTLE INDIA

Auf den Spuren hinduistischer Gottheiten spaziert man zu Tempeln, durch Geschäfte und begegnet Menschen in traditioneller Kleidung. Und alles flankiert vom Duft der Gewürze und der Räucherstäbchen.

Die ersten Inder kamen zu Beginn des 19. Jh. nach Singapur. Unter ihnen gab es Freiwillige, die mit Raffles hier landeten sowie Sklaven und indische Sträflinge aus den britischen Kolonien.

AUTHENTISCHE KULTUR

Ein Großteil dieser Menschen ließ sich zunächst im Bereich Singapore River/Telok Ayer Street/Upper Cross Street nieder, denn hier gab es für sie die meiste Arbeit, z. B. im Hafen. Hier findet man auch heute noch den ältesten Hindutempel der Stadt.

Doch schon nach wenigen Jahren änderte sich die Politik Singapurs, man plante getrennte Viertel. Um 1828 entstand nach Plänen von Lieutenant Philip Jackson, einem Stadtplaner unter Raffles Kommando, das Gebiet um die heutige Serangoon Road. Nahe größerer Straßen, nahe am euro-

◀ Britisches Kolonialflair: in Little India
(▶ S. 68) überall sichtbar und spürbar.

päischen Viertel, und die Nähe zu Gewässern ließ fruchtbares Acker- und Weideland vermuten. Seit Beginn der 1920er-Jahre siedelten sich zwischen der Bukit Timah Road und der Lavender Street immer mehr Inder an. Zentrum des Viertels ist die Serangoon Road mit ihren zahlreichen Seitenstraßen, das heutige Little India. Überall riecht es nach indischen Gewürzen und Räucherstäbchen, Blüten werden kunstvoll zu Tempelgaben geflochten, kleine und größere Restaurants locken mit exotischen Genüssen.

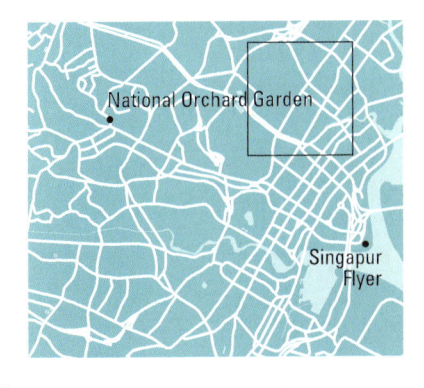

BUNTER ALS ANDERSWO

Das Straßenbild wirkt hier bunter als anderswo auf Singapurs Straßen. Kisten und Kästen, Säcke und Tische versperren häufig den Weg unter den Arkaden. Hier fahren noch Händler mit dem Fahrrad ihre Waren aus. Indische Schriftzeichen zieren die Werbeschilder von Geschäften und Restaurants. Viele Männer tragen noch den traditionellen Sarong statt einer Hose, Frauen farbenfroh verzierte Saris, viel goldenen Schmuck und oft das Kastenzeichen in Form eines Punktes auf der Stirn.

Sehenswürdigkeiten im eigentlichen Sinne, also z. B. Museen, sucht man hier vergebens, stattdessen ist das Viertel selber eine einzige Sehenswürdigkeit auf die es sich einzulassen gilt. So sind es neben den oben beschriebenen Straßenszenen dann vor allem die bunten Läden, die einen Besuch lohnen und sei es auch nur, um einen Blick in diese so fremde Kultur zu erhaschen. Überall betören exotische Düfte aus Gewürzläden oder Parfümerien die Sinne, überall wird kostbares Gold verkauft (man trägt Gold weniger als Schmuck, sondern legt so sein Geld an) und dann locken auch immer einmal wieder Tempel oder die Abdul Ghafoor Moschee zu einem Besuch.

Neben diesen Gotteshäusern lohnen aber auch der Besuch des Tekka Centre/Zhujiao Centre bzw. der gegenüberliegenden The Verge (ehemals Tekka Mall) und natürlich der Mustafa Centre. Alle diese »Sehenswürdigkeiten« sind allerdings Läden (▶ S. 75), wenn auch ganz besondere.

SEHENSWERTES

1 Abdul Ghafoor Moschee E2

Eine Moschee im indischen Viertel? Nein, das ist kein Versehen, denn viele Inder in Singapur sind Moslems. Schon 1846 baute man hier, im sogenannten Kampong Kapor, eine erste Moschee, die Al Abrar Moschee. Dieses hölzerne Gotteshaus diente Händlern, Feldarbeitern und Pferdetrainern als Gebetshaus. 1881 gründete sich dann ein Verein unter Führung des leitenden Angestellten Shaik Abdul Ghafoor bin Shaik Hydert mit dem Ziel, eine neue und größere Moschee zu errichten.

Ab 1887 trat der Verein federführend dafür ein, auch das umliegende Areal zu bebauen, Geschäftshäuser entstanden in den Folgejahren. Mit den Mieteinnahmen dieser Gebäude sollte der Bau einer neuen Moschee finanziert werden. 1907 begannen die Bauarbeiten, 1910 hatte man zwar erst einen Teil des neuen Gebäudes fertiggestellt, doch ließ man trotzdem die alte Moschee einreißen. Die Fertigstellung zögerte sich weiter hinaus, 1919 verstarb Abdul Ghafoor, sein Sohn übernahm die Leitung, und erst 1927 konnte die Moschee vollendet werden. Doch hat sich die lange Bauzeit gelohnt, denn die reichen Verzierungen, das farbige Glas der Kuppel und die große Sonnenuhr über dem Eingang, deren Strahlen die Propheten des Islam symbolisieren, sind ein Blickfang. Auch Figuren aus der Bibel sind hier mit ihrem arabischen Namen zu sehen – ein Bindeglied aus Islam und Christentum. Bereits 1979 wurde die Moschee zum Nationalmonument erklärt.

41 Dunlop St. | MRT: Little India | tgl. 9–13, 14–17 Uhr

2 Leong San See Buddhist Temple E1

1917 wurde dieser kleine buddhistische Tempel erbaut. Er wird auch als Dragon Mountain Temple bezeichnet, da sein Dach mit sehr hübschen Drachenmotiven verziert ist. Im Inneren stehen Figuren von Kuan Yin, der Göttin der Barmherzigkeit, und Buddha, zu denen lebhaft gebetet wird.

371 Race Course Rd. | MRT: Farrer Park | tgl. 6–18 Uhr Sim Lim Tower

3 Sri Srinivasa Perumal Temple E1

Der hinduistische Tempel ist schon weithin durch den 20 m hohen Gopuram (Turm) am Eingang zu sehen. Dieser Turm wurde erst 1966 dem Temple hinzugefügt und zwar als private Spende eines der ersten indischen Einwanderer, die zu besonderem Wohlstand gekommen waren. Der Tempel ist Vishnu (der Erhalter) geweiht, einer der bedeutendsten Gottheiten im Hinduismus. Eine seiner Inkarnationen ist Perumal, dessen Statue im Inneren zu sehen ist. Sein weibliches Pendant Lakshmi, die Göttin des Wohlstandes und der Schönheit, ist hier ebenfalls als Statue zu sehen.

397 Serangoon Rd. | MRT: Farrer Park | tgl. 6.30–12 und 17–21 Uhr

4 Sri Veerama Kaliamman Temple E2

Dieser Hindutempel ist einer der farbenprächtigsten und beeindruckendsten Singapurs. Er ist der Göttin Kali (was so viel wie »die Schwarze« bedeutet) gewidmet, die im Hinduismus für Zerstörung und Tod, damit zugleich aber auch für Erneuerung steht. Diese

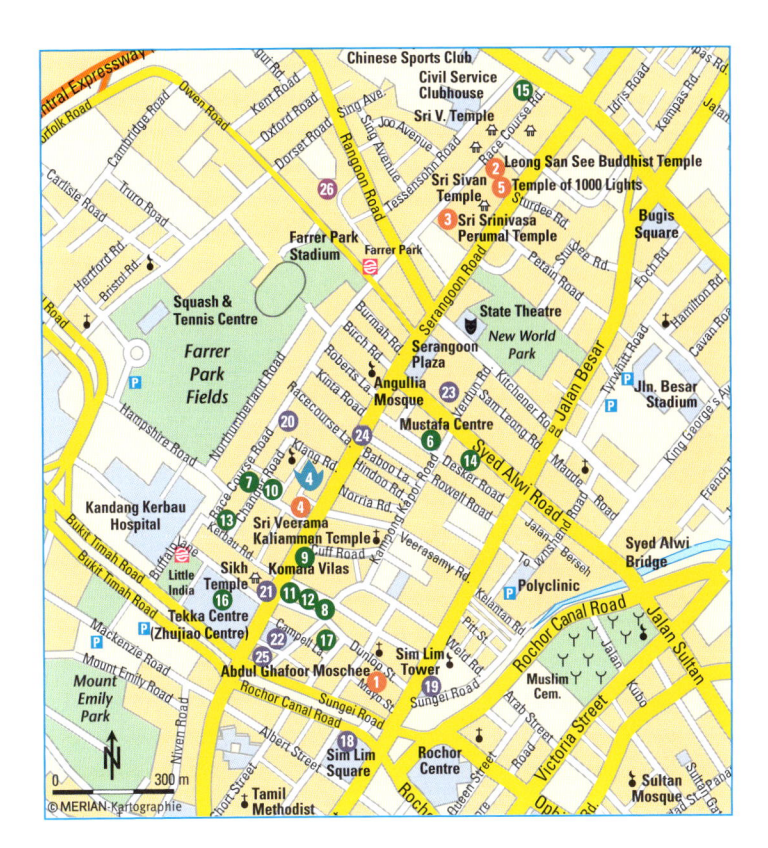

Göttin wird vor allem in Bengalen verehrt, der Heimat vieler indischer Arbeiter, die den Tempel 1881 errichteten. Sie bauten auch Statuen, die Kali mit einer Kette aus blutigen Schädeln zeigt, die die Furcht vertreiben soll. An anderer Stelle wird sie ungleich familiärer gezeigt, wenn sie z. B. mit ihren Söhnen Ganesha, Gottheit aus Mensch und Elefant, und Murugan, dem Sieger über das Böse, dargestellt ist.

Nehmen Sie sich etwas Zeit für den Besuch. Ziehen Sie Ihre Schuhe aus und bleiben Sie nahe dem Eingang stehen. Gläubige läuten zuerst an einem der Glöckchen an der hohen Eingangstür im Gopuram (Torturm) und umrunden dann den inneren Schrein mehrfach, allerdings in ungerader Anzahl, um Glück zu erbitten. An verschiedenen Schreinen kann geopfert werden, Opfergaben erhält man im Tempel.

🕐 Kommen Sie möglichst vormittags hierher, wenn die Menschen für einen gelungenen Tag beten.

141 Serangoon Rd. | MRT: Little India | www.sriveeramakaliamman.com | tgl. 8–12.30, 16–20.30 Uhr

5 Temple of 1000 Lights (Sakaya Muni Buddha Gaya) E1

Die 15 m hohe und 300 t schwere Buddhastatue ist das Herzstück und die bedeutendste Sehenswürdigkeit dieses Tempels. Die unzähligen kleinen Glühlämpchen, die den sitzenden und bunt bemalten Buddha Shakyamuni umkreisen, haben der Tempelanlage ihren Namen gegeben. Ende der 1920er-Jahre wurde der Tempel von Mönchen aus Thailand gegründet. Szenen aus Buddhas Leben, sein Weg zum Glauben und schließlich die Erleuchtung sind in zahlreichen Reliefs und Malereien festgehalten. Besonderheiten sind die Imitation eines Fußabdrucks Buddhas und ein Ableger des heiligen Bodhi-Baumes (einer Pappelfeige) aus Indien im Garten des Tempels. Hier finden auch die Feierlichkeiten zum Vesak-Fest (▶ S. 47) statt.

366 Race Course Rd. | MRT: Farrer Park | tgl. 8–16.45 Uhr

Sri Veerama Kaliamman Tempel – barfuß den Göttern nähertreten 4

Dieser Hindutempel im indischen Viertel ehrt die Göttin Kali, die als Zerstörerin und zugleich als Göttin der Erneuerung gilt. Brauchen Sie Glück, dann umrunden Sie in einer ungeraden Zahl im Uhrzeigersinn den Hauptschrein (▶ S. 13).

ESSEN UND TRINKEN
RESTAURANTS

6 Ananda Bhavan E2

Vegetarische Köstlichkeiten – Sehr günstige und leckere vegetarische Küche mit diversen Currys und Würzsaucen (oft auf Basis von Kokos).

95 Syed Alwi Rd. | MRT: Farrer Park | Tel. 63 98 08 37 | www.anandabhavan.com | tgl. 24 Std. | €

7 Banana Leaf Apolo ▶ S. 28

8 Gokul Restaurant E2

Nord- und südindisch vegetarisch – Sehr sauberes und modernes Restaurant, in dem man neben hervorragenden indischen Gerichten auch malaiische Speisen bekommt.

19 Upper Dickson Rd. | MRT: Little India | Tel. 63 96 77 69 | www.gokulvegetarianrestaurant.com | tgl. 10.30–22.30 Uhr | €

9 The Jungle Tandoor E2

Dschungel-Feeling – Inmitten eines künstlichen Dschungels mit allerlei Tierattrappen speist man hier leckere nordindische Gerichte. Abends kann man am Straßenrand in wuchtigen Massivholzmöbeln chillen.

102 Serangoon Rd. | MRT: Little India | Tel. 62 99 04 00 | www.facebook.com/thejungletandoorrestaurant | tgl. 11–23.30 Uhr | €€

10 Kailash Parbat E2

Köstlichkeiten aus Pakistan – Modern eingerichtetes Restaurant mit einem Menü, bei dem jeder fündig wird.

3 Belilios Rd. | MRT: Little India, Farrer Park | Tel. 68 36 55 45 | www.kailashparbat.com.sg | tgl. 10.30–14.30, 18.30–22.30 Uhr | €€

11 Komala Vilas E2

Vorzügliches Roti Prata – Südindisch-vegetarische Küche, preiswert.

76–78 Serangoon Rd. | MRT: Little India | Tel. 62 93 69 80 | www.komalavilas.com.sg | tgl. 11–15.30 und 18–22.30 Uhr | €

⑫ Madras New Woodlands　　📖 E2
Leckere Lassis – Neben zahlreichen vegetarischen Gerichten sollte man hier unbedingt auch die Lassis (Favorit: Mango-Lassi) probieren.
14 Upper Dickson Rd. | MRT: Little India | Tel. 62 97 15 94 | tgl. 7.30–23.30 Uhr

⑬ Mustard　　📖 E2
Würzige Punjabi-Gerichte – Alle Gerichte sind gut gewürzt, manchmal auch recht scharf. Probieren Sie das »coconut prawn curry« oder das »sauted mutton curry«.
32 Race Course Rd. | MRT: Farrer Park | Tel. 62 97 84 22 | www.mustardsingapore.com | Mo–Fr 10.30–15, 18–22.45 Uhr, Sa, So durchgehend

⑭ Raj Restaurant　　📖 E2
Streng vegetarisch – Hier gilt das Prinzip, alles muss super frisch und ganz streng vegetarisch sein, sonst kommt es nicht auf den Tisch. Was man dann kredenzt bekommt, ist eine Vielzahl von Köstlichkeiten aus sämtlichen Regionen Indiens.
76 Syed Alwi Rd. | MRT: Farrer Park | Tel. 62 97 17 16 | www.rajrestaurant.com.sg | So–Do 11–23, Fr, Sa 11–23.30 Uhr | €€

⑮ Tandoori Corner　　📖 E1
Authentisch nordindisch – Kleines Restaurant (auch mit Sitzplätzen im Freien) an der geschäftigen Balestier Road. Sehr zu empfehlen ist das »chicken tikka«.

Besonderheit der Abdul Ghafoor Moschee (▶ S. 70) ist die Sonnenuhr über dem Portal, deren 25 Strahlen in arabischer Kalligraphie den Propheten preisen.

Nach indischer Manier isst man im Banana Leaf Restaurant (▶ S. 72) anstatt von Tellern von Bananenblättern. Das Essen ist übrigens sehr lecker und preisgünstig!

400 Balestier Rd., Balestier Plaza | MRT: Novena oder Toa Payah und Taxi | Tel. 62 50 02 00 | www.tandooricorner.com.sg | tgl. 12–14.45, 18–21.45 Uhr | €€

⓰ Tekka Hawker Centre E2
Eine Fülle verschiedenster Gerichte – In dem riesigen »hawker centre« an der Serangoon Road findet jeder etwas nach seinem Geschmack. Ob indische, malaiische oder chinesische Küche, hier gibt es nahezu alles. Und wem der Sinn nur nach Gemüse, Früchten oder Fruchtsaft steht, ist hier ebenfalls am richtigen Platz.

Serangoon Rd./Buffalo Rd. | MRT: Little India | tgl. 6.30–21 Uhr | €

BARS
⓱ Prince of Wales E2
Pub und Mikrobrauerei. Im Pub mit australischem Ambiente (das Vorbild ist ein gleichnamiger Backpacker Pub in Melbourne) trifft sich das vorwiegend junge Publikum zu Bier und lockeren Gesprächen. Abends gibt's oft Livemusik.

101 Dunlop St. | MRT: Little India | Tel. 62 99 01 30 | www.pow.com.sg | tgl. 9–24 Uhr | €€

Little India | 75

EINKAUFEN
ELEKTRONIK
18 Sim Lim Square/Albert Complex
E2

In den beiden benachbarten und etwas in die Jahre gekommenen Shoppingmalls erhält man überwiegend Elektronikartikel, kann gut handeln und die ein oder andere Kleinigkeit preisgünstig erstehen.
Rochor Canal St. | MRT: Bugis, Little India

19 Sim Lim Tower
E2

Das Einkaufszentrum ist bekannt für seine guten Preise und die große Auswahl an aktueller Unterhaltungselektronik.
Jalan Besar | MRT: Bugis

KULINARISCHES
20 Good Luck Spice Mart
E2

Alle Gewürze der Küchen Südostasiens unter einem Dach, dazu gibt es auch zahlreiche Öle.
114 Race Course Rd. | MRT: Farrer Park | www.goodluckspices.com.sg

21 Rasool Shop
E2

Hier bekommt man alles, was es zum Leben braucht. Neben abgepackten Lebensmitteln gibt es auch Gewürze aller Art.
BLK 662, 01–01 & 02 Buffalo Rd. | MRT: Little India | www.littleindia.com.sg/rasoolshop.aspx

MÄRKTE
22 Punjab Bazaar
E2

Riesiger überdachter Markt, auf dem zahlreiche Händler vor allem Souvenirs aus Indien und vielen Staaten Südostasiens anbieten. Hier kann man sich auf die Tour in der Region einstimmen oder vergessene Souvenirs bekommen.
Serangoon Rd./Clive St./Hastings Rd./Campbell Lane | MRT: Little India

SHOPPING CENTRE
23 Mustafa Centre ▶ S. 36

24 Serangoon Road
E2–F1

Entlang dieser Straße im indischen Viertel kann man überall farbenprächtige Stoffe finden, die entweder als Sari oder Sarongs genutzt werden. Häufig kann man sich von einem Schneider daraus gleich ein maßgeschneidertes Kleidungsstück anfertigen lassen – und das zu einem weitaus günstigeren Preis als daheim.
Serangoon Rd. | MRT: Little India

25 The Verge (ehemals Tekka Mall)
E2

Moderne Shoppingmall, in der man alle Waren des heutigen Alltags bekommen kann, allerdings ist sie nicht so überfüllt wie die an der Orchard Road, bietet aber auch nicht so exklusive Label.
2 Serangoon Rd. | MRT: Little India

KULTUR UND UNTERHALTUNG
THEATER
26 Singapore Indian Fine Arts Society
E1

Die »Gesellschaft der Schönen Künste« besteht seit 1949 und begann mit zwölf Schülern. Mitttlerweile umfasst sie über 1800 Schüler, die alle traditionelle Tänze und Musik erlernen möchten. Regelmäßig finden Tanz- und Musikaufführungen statt.
2A Starlight Rd. | MRT: Farrer Park | Tel. 62 99 59 25 | www.sifas.org

COLONIAL DISTRICT/ MARINA BAY

Hier gelingt der Blick in Vergangenheit und Zukunft: Am River befinden sich die architektonischen Schätze des alten Singapur, die Museen zeigen Historisches, und direkt vis-à-vis ist in den letzten Jahren das neue Singapur entstanden.

Gegenüber den Restaurants, Pubs und Nightlifespots am Boat Quay befindet sich die Raffles Landing Site, wo Sir Stamford Raffles seinerzeit gelandet sein soll. Hier steht zu seinen Ehren auch eine seiner Statuen. Ein Blick zurück zeigt die gigantischen Bauten des Bankenviertels hinter den anmutigen bunten Häusern des **Boat Quay** ⭐. Ganz in der Nähe befindet sich die City Hall, das Gebäude, in dem Admiral Lord Louis Mountbatten am 12. September 1945 die japanische Kapitulation durch General Itagaki entgegennahm. Das benachbarte Gebäude des Supreme Court (Oberster Gerichtshof) stammt von 1939. Früher war der Gerichtshof im wenige Hundert Meter entfernten Parliament House untergebracht. Seit 1965 ist es Sitz des Parlaments. Im Garten steht ein Bronze-

◀ Halb Fisch, halb Meerjungfrau: die Merlion-Statue (▶ MERIAN TopTen, S. 77).

Elefant, ein Geschenk des Königs Chulalongkorn von Siam (heute Thailand) an die Stadt (1871). Links liegen der Padang und der Singapore Cricket Club (1907). Und ein paar Schritte jenseits des Padang, das während der Kolonialzeit Zentrum des sozialen Lebens der Europäer war, steht man vor dem luxuriösen **Raffles Hotel**.

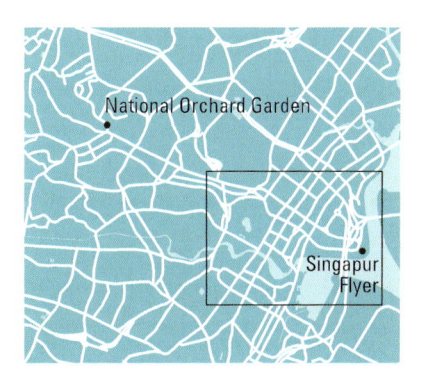

INSEKTENAUGEN, ESSSTÄBCHEN UND EIN MASKOTTCHEN

Unmittelbar an der Cavenagh Bridge steht das Empress Place Building, schräg dahinter das altehrwürdige Victoria Theatre. Jenseits der Brücke, in dem Gebäude von 1928, in dem heute das luxuriöse Fullerton Hotel residiert, befand sich einst das General Post Office. Links gegenüber ragen die »Insektenaugen« der großen **Konzerthalle** über dem River auf, dahinter die »chopsticks«, das Denkmal zu Ehren der im Krieg Gefallenen. Links spuckt die weiße Skulptur des **Merlion** Wasser ins Hafenbecken. Von hier aus hat man einen tollen Blick auf die drei Türme des neuen Marina Bay Sands. Gekrönt wird es vom SkyPark in 200 m Höhe, der wie ein riesiges Schiff anmutet.

SEHENSWERTES

① Casino F5

Im Marina Bay Sands Hotel befindet sich ein riesiges, völlig automatisiertes Casino. Hier rollt keine Kugel mehr, hier spielt man am Bildschirm. Touristen können ohne Eintrittsgeld rund um die Uhr spielen, Singaporeaner müssen 100 S$ Eintritt zahlen. So hofft man auf weniger Spielsüchtige aus den eigenen Reihen.

10 Bayfront Ave. | MRT: Marina Bay | www.marinabaysands.com | tgl. 24 Std.

Marina Promenade – Sunset am Wasser 5

Genießen Sie den Sonnenuntergang an der Marina Bay. Leise tuckern Ausflugsboote übers Wasser, im Süden ragen die Türme des Marina Bay Sands auf, während die Sonne im Westen langsam wie ein glutroter Ball hinter den Wolkenkratzern der internationalen Banken versinkt (▶ S. 14).

❷ Chijmes　　　🏷 E3

Auf dem Gelände des ehemaligen katholischen Konvents wurde lange gebaut und restauriert. Mit Materialien aus Frankreich, Italien und England gelang es, kolonial-religiöses Flair zu erhalten bzw. wiederherzustellen. Ladenarkaden, Restaurants und eine Kleinkunstbühne gehören ebenfalls zu dem auch architektonisch interessanten Komplex.
30 Victoria St. | MRT: City Hall | www.chijmes.com.sg

❸ Civilian War Memorial　　🏷 E4

»Chopsticks« (Essstäbchen) nennt man respektlos die weißen Säulen, die zu Ehren der während der japanischen Besatzungszeit getöteten Zivilbevölkerung gen Himmel ragen. Jede der vier Säulen ist einer der betroffenen Bevölkerungsgruppen (Malaien, Chinesen, Inder und Europäer) gewidmet.
Beach Rd./Nicoll Highway | MRT: City Hall

⭐ Esplanade – Theatres on the Bay　　🏷 E4

Ein eindrucksvolles Beispiel architektonischer Baukunst ist das neue Veranstaltungsgebäude am River, das optisch der Durianfrucht nachempfunden ist. Große Kuppeln wölben sich Insektenaugen gleich hoch über dem Theater- und Konzertsaal und sorgen für perfekte Beschattung.
1 Esplanade Drive | MRT: Esplanade | www.esplanade.com

❹ Gardens by the Bay　　🏷 F/G5

Die Gärten (Bay South, Bay East, Bay Central) erstrecken sich auf etwa 101 ha Fläche im Marina-Bereich. Mit 54 ha ist Bay South der größte botanische Garten der Welt. Neben Gewächsen aus (fast) allen Klimazonen der Erde informieren Ausstellungen und Multimediashow über Klima und Klimawandel. Faszinierend: die »supertrees«, künstliche Bäume zwischen 25 und 50 m Höhe. Sie spenden nicht nur Schatten, sondern sind so gebaut, dass sie in einer Art Zylinder ausreichend

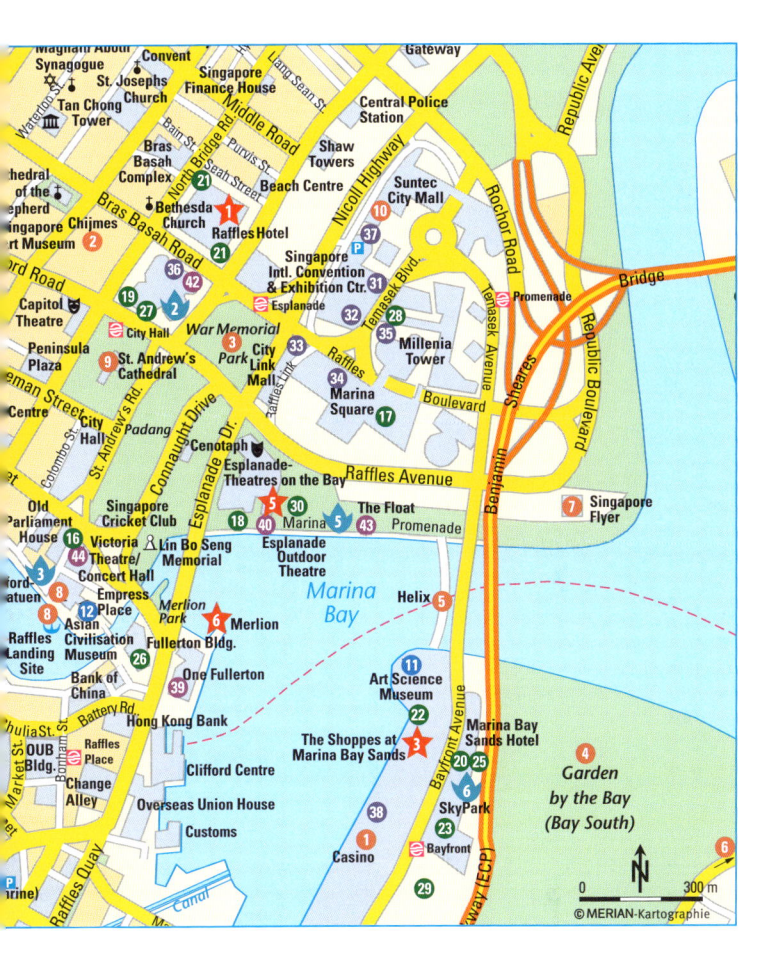

Regenwasser auffangen, um damit alle Hallen zu bewässern. Ihre Sonnenkollektoren dienen zudem als Stromlieferant. Einzelne »supertrees« kann man über einen Skywalk erkunden, eine Art Hängebrückensystem nahe der »Baumkronen«.

Faszinierend sind die riesigen Hallen Flower Dome und Cloud Forest. Während im Flower Dome die Klimate der Erde mit deren Flora abgebildet sind, bietet der Cloud Forest einen eindrucksvollen (wenngleich künstlichen) Blick in die tropische Bergvegetation.

18 Marina Gardens Drive | MRT: Marina Bay, weiter mit SBS Bus 400 | www.gardensbythebay.org.sg | tgl. 10–21, Außenanlagen tgl. 5–14 Uhr | Eintritt frei | Flower Dome und Cloud Forest Eintritt 28 S$, Kinder 15 S$, Skywalk 5 S$

The Helix (▶ S. 80): Diese 280 m lange Fußgängerbrücke ist ein echter Hingucker. Der Clou ist, dass ihr Design der molekularen Struktur der DNA entspricht.

❺ Helix F 4/5
Den alten Teil der Marina Bay verbindet eine kunstvoll geschwungene Brücke aus Glas und Metall mit jenem neu geschaffenen Stück Land, auf dem das Marina Bay Sands und die Gardens by the Bay stehen. Die Struktur aus zwei gegenläufig angeordenten Metallgerüsten ist der DNA nachempfunden und soll Sinnbild für »Leben und Kontinuität«, »Erneuerung«, »dauerhaften Überfluss« und »Wachstum« sein.
MRT: Bayfront, Promenade

❻ Marina Barrage 🚩 B3
Ein großer Damm zwischen Flussmündung und Meer. Auf der einen Seite kann man so Frischwasser am Abfluss ins Meer hindern und hat auf der anderen Seite zugleich einen effektiven Hochwasserschutz.

8 Marina Gardens Drive | MRT: Marina Bay, weiter mit Taxi oder SBS Bus 400 | www.pub.gov.sg | Mi–Mo 9–21 Uhr

⭐ Merlion E 4
Das Wahrzeichen der Stadt steht Wasser speiend auf einer Landzunge an der Mündung des Singapore River. 8 m hoch ist das Fabelwesen mit dem Körper eines Fisches und dem Kopf eines Löwen. Es erinnert an die Sage von Prinz Utama, der als erstes Lebewesen einen Löwen erblickte, als er Singapur erreichte und daraufhin der Stadt ihren Namen gab. Merlion ist ein Kunstwort, das sich aus »mermaid« (Meerjungfrau) und »lion« (Löwe) zusammensetzt. Bei Sonnenuntergang bietet sich ein Spaziergang rund um die Statue im Merlion Park an: Man kann die Boote beobachten, die Skyline des Banken-

viertels auf sich wirken lassen oder den Blick auf die drei Türme des Marina Bay Sands Hotel genießen, von dem aus abends eine tolle Lasershow über den River-Bereich strahlt.
MRT: Raffles Place

⭐ Raffles Hotel 🚩 E3

Die Grand Old Lady der Singapurer Hotellerie öffnete 1887 ihre Pforten, nachdem die Besitzer des Eastern & Oriental Hotel aus Penang (damals eines der weltbesten Hotels) den Entschluss gefasst hatten, sich auf dieser Insel geschäftlich zu engagieren. Schon im darauffolgenden Jahr logierten hier Joseph Conrad und Rudyard Kipling und begründeten so den Ruf des Literatenhotels. Als 1904 der Flügel an der Bras Basah Road eröffnet wurde, galt das Hotel als »faszinierendstes Haus östlich von Suez«. Unbedingt probieren müssen Sie den weltberühmten Singapore Sling, einen Cocktail-Klassiker auf Gin-Basis, der von dem Barmann Ngiam Tong Boon um 1910 herum kreiert wurde. 1987 wurde das Hotel zum nationalen Monument erklärt, ab 1989 restauriert, seit der Wiedereröffnung 1991 erstrahlt es im neuen Glanz. Seitdem wurde es mehrfach von internationalen Magazinen zum besten Hotel der Welt gewählt, es gehört aber auch zu den teuersten.
1 Beach Rd. | MRT: City Hall | www.raffles.com

7 Singapore Flyer 🚩 F4

Das im März 2008 eröffnete, größte Riesenrad der Welt hat eine maximale Höhe von 165 m. Aus den 28 voll klimatisierten Kabinen bietet sich ein herrlicher Blick über die Marina Bay, die Stadt und das Meer, bei gutem Wetter bis nach Indonesien und Malaysia. Etwa 45 Min. dauert ein »Flug«. Vor Beginn der Fahrt wird man in einer Multivisionsshow, der »journey of dreams«, mit der Stadt, ihren Errungenschaften und dem Bau des Flyers vertraut gemacht.
30 Raffles Ave. | MRT: Promenade, City Hall | www.singaporeflyer.com.sg | tgl. 8.30–22.30 Uhr | Eintritt 33 S$, Kinder 21 S$ (online 10 % Rabatt)

Lichtspektakel am Marina Bay Sands Hotel 🕴 6

Jeden Abend gibt es am Marina Bay Sands Hotel eine tolle etwa 15-minütige Lasershow mit musikalischer Untermalung. Am schönsten erlebt man diese Show von der Brücke des Esplanade Drive, die den Singapore River an der Mündung in die Bay überspannt (▶ S. 14).

8 Sir-Stamford-Raffles-Statuen 🚩 E4

Die Originalstatue wurde 1887 von Thomas Whoolner in Bronze angefertigt und steht am Victoria Theatre. Nur wenige Meter entfernt fließt der Singapore River ins Meer, hier soll Raffles am 29. Januar 1819 zum ersten Mal den Boden Singapurs betreten haben – ein geeigneter Ort, um eine Kopie der Bronzestatue aufzustellen.

🕓 Kurz vor Sonnenuntergang werden der Fluss und die Gebäude in ein magisches Licht getaucht.
Riverfront | North Boat Quay/Raffles Landing Site | MRT: Raffles Place, dann zu Fuß über die Cavenagh Bridge

❾ St. Andrew's Cathedral 📍 E4

Klein und zurückgezogen wirkt die anglikanische Kathedrale im Schatten der Hochhäuser, denn je nach Standpunkt ragen entweder die Türme des Raffles-City-Komplexes oder die des Peninsula Plaza/Excelsior-Hotels hinter ihr auf. Das Kleinod inmitten dieser Giganten wirkt friedlich und ruhig, sicherlich auch durch seine weiße Außenfassade, die mithilfe einer Mischung aus Eiweiß, Kokosfasern, Muschelkalk und Zucker (»madras chunam«) erreicht wurde. Eine erste, 1828 errichtete Kirche musste nach Zerstörungen durch Unwetter abgerissen werden. 1856 begann Colonel Ronald MacPherson mit dem Neubau der Kathedrale, die 1861 eingeweiht werden konnte. Weniger ruhmvoll ist die Tatsache, dass es sich bei den Maurern überwiegend um indische Sklaven handelte.

St. Andrew's Rd. | MRT: City Hall

Wollen Sie's wagen?

Höhenangst darf man definitiv nicht haben, wenn man die Fahrt in einer der großflächig verglasten Gondeln des Singapore Flyers antritt. Wenn man es dann aber wagt, wird man aus maximal 165 m Höhe mit einem tollen Blick auf die Skyline und den Marina-Bay-Bereich entschädigt.

---

❿ Suntec City 📍 F4

Viel mehr als nur eine weitere Shoppingmall. Lifestyle-Produkte, Dienstleistungsbetriebe, Restaurants und Pubs sowie High-End-Boutiquen faszinieren in der eigens dafür geschaffenen Glitzerwelt. Im wahrsten Sinne herausragend ist die im Garten befindliche Fountain of Wealth, mit 66 m Umfang laut »Guinnessbuch der Rekorde« der größte Springbrunnen der Welt. Hübsch beleuchtet lädt er die Menschen zum abendlichen Flanieren ein. Laut Feng Shui symbolisiert das nach innen fließende Wasser Reichtum und Wohlstand. Übrigens: Jeden Abend zwischen 20 und 21 Uhr können Besucher Bilder und Nachrichten auf das hochspritzende Wasser projizieren lassen.

5 Temasek Blvd. | MRT: Esplanade

MUSEEN UND GALERIEN

⓫ **Art Science Museum** ▶ S. 115
⓬ **Asian Civilisations Museum** ▶ S. 115
⓭ **National Museum of Singapore** ▶ S. 116
⓮ **Peranakan Museum** ▶ S. 117
⓯ **Singapore Philatelic Museum** ▶ S. 119

ESSEN UND TRINKEN

RESTAURANTS

⓰ 1827 Thai 📍 E4

Feinste Thai-Küche – Exzellente Speisen mit Kolonialstil-Flair und Blick auf den River. Besonders lecker: die »new age curries«.

1 Old Parliament Lane | MRT: City Hall, Raffles Place | Tel. 63 37 18 71 | €€€

⭐ Boat Quay 📍 D4

Angesagt – Allabendlich werden in den Restaurants entlang des Singapore River die Tische herausgestellt. Ganztägig gibt es hier asiatische Gerichte und erfrischende Drinks.

Riverfront | MRT: Clarke Quay | €€€

⓱ Cherry Garden E4
Feurig gewürzt – Im eleganten Stil des Adels der Ming-Dynastie, gemäß Feng Shui, werden Gerichte der Kanton-Küche serviert.
Oriental Mandarin-Hotel, Marina Square | MRT: City Hall | Tel. 63 85 35 38 | www.mandarinoriental.com/singapore | tgl. 11–15, 18.30–22.30 Uhr | €€€

⭐ Clarke Quay D4
Eventcharakter – In Verlängerung des Boat Quay entstand 1993 ein neuer abendlicher Anziehungspunkt mit Essständen, Restaurants und Musikbars.
Riverfront | MRT: Clarke Quay | www.clarkequay.com.sg | €€

⓲ Esplanade E4
Klimatisiert oder open air – Flanieren, gucken, essen und trinken. Im Bereich der Esplanade, zwischen Konzerthalle und River, locken viele Restaurants und Pubs.
MRT: Esplanade | €–€€€

⓳ Equinox ▶ S. 29

⓴ Ku Dé Ta F5
Schickes Ambiente – Das Restaurant im SkyPark des Marina Bay Sands kredenzt moderne asiatische Küche; Fisch nur aus nachhaltiger Zucht.
1 Bayfront Ave, Marina Bay Sands North SkyPark | MRT: Marina Bay | Tel. 66 88 76 88 | www.kudeta.com.sg | tgl. 12–15 und 18–23 Uhr | €€€

㉑ Raffles Grill E3
Koloniales Flair – Exklusives Hotelrestaurant. Formell-elegante Atmosphäre. Saftige Steaks.
Raffles Hotel, 1 Beach Rd. | MRT: City Hall | Tel. 64 12 18 16 | www.raffles.com | Mo–Fr 12–14, 19–22, Sa 19–22 Uhr | €€€€

CAFÉS
㉒ The Coffee Bean & Tea Leaf F5
Klassische Kaffeehauskette. Es gibt sehr gute Kaffeesorten, leckere Kuchen und immer auch ein paar hauseigene Spezialitäten.
B2-20/20A The Shoppes at Marina Bay Sands, 2 Bayfront Ave. | MRT: Bayfront | www.coffeebean.com.sg | So–Do 8–23, Fr, Sa 8–2 Uhr

BARS
㉓ Attica D4
Bar und Disco direkt am Ufer des Flusses. Unten kann man gemütlich ein Bier trinken, oben im Attica Too wird getanzt.
01–03 Clarke Quay, 3A River Valley Rd. | MRT: Clarke Quay | www.facebook.com/atticasg | Attica: So, Mo, Di 17–2, Mi 17–3, Do–Sa 17–5 Uhr, Attica Too: Fr, Sa 23–6 Uhr

㉔ Brewerkz D4
Bier aus der eigenen Klein-Brauerei und leckere Cocktails, dazu allerlei schmackhafte Gerichte.
01-05/06 Riverside Point, 30 Merchant Rd. | MRT: Clarke Quay | Mo–Do, So 12–24, Fr, Sa 12–1 Uhr

㉕ Ku Dé Ta ▶ S. 43
㉖ Lantern Bar ▶ S. 43
㉗ New Asia Bar ▶ S. 43

㉘ Paulaner Brauhaus F4
Deutsche Gemütlichkeit bei bayerischem Bier und rustikalem Essen.

Millenia Walk, Convention Centre, 9 Raffles Blvd. | MRT: City Hall | www.paulaner.com.sg | Mo–Fr 12–14.30, 18.30–22.30, Sa 11.30–14.30, 18.30–22.30, So 18.30–22.30 Uhr

㉙ Sky on 57 ▶ S. 44

THEATER

㉚ Esplanade Outdoor Theatre
▶ S. 45

EINKAUFEN

MODE

㉛ Giordano ▶ S. 36

㉜ La Senza 🏷 F3

Hübsche Tag- und Nachtwäsche mit einem Hauch Erotik. Diverse Boutiquen, z. B. an der Marina Bay.
Suntec City Mall, 3 Temasek Blvd. | MRT: Esplanade

MALLS

㉝ CityLink Mall ▶ S. 35

★3 Marina Bay Sands Mall – The Shoppes ▶ S. 36

㉞ Marina Square 🏷 F4

Zu den Nobelhotels der Umgebung passendes Angebot mit Schwerpunkt Schmuck, Uhren, Luxusbekleidung.
6 Raffles Bd. | MRT: City Hall

㉟ Millenia Walk 🏷 F4

Neue, topmoderne Ladengalerie, die vor allem teure Labels offeriert.
Temasek/Raffles Blvd. | MRT: City Hall

㊱ Raffles City Shopping Centre
🏷 E4

Auch architektonisch ist die Einkaufspassage ein Blickfang: mit großer Lichtkuppel und Brücken quer durch das Innere. Kleidung, Bücher, Uhren und Schmuck. Auch die Bally Boutique ist hier, denn feine italienische Schuhmode findet auch in Singapur Anklang. Zwei Hotels und gute Restaurants gehören ebenfalls zum Komplex. Vom 71. Stock des Luxushotels Swissôtel The Stamford aus bietet sich ein herrlicher Blick über die Stadt (Zugang vom Hotel aus).
250 North Bridge Rd. | MRT: City Hall

㊲ Suntec City Mall 🏷 F3

Mit einem Areal von 83 000 qm die größte Mall der Stadt mit überwiegend luxuriösen Marken.
Nicoll Hwy./Rochor Rd. | MRT: City Hall | www.sunteccity.com.sg

SCHMUCK

㊳ Tiffany & Co 🏷 F5

Der weltberühmte Juwelier ist auch in Singapur präsent. Luxuriöse Kleinigkeiten bietet The Shoppes Mall des Marina Bay Sands.
B1–132/133 The Shoppes, 2 Bayfront Ave. | MRT: Marina Bay

KULTUR UND UNTERHALTUNG

MUSIK UND TANZ

★4 Boat Quay ▶ S. 44

㊴ Butter Factory 🏷 E4/5

Tolle neue Disco nahe dem Fullerton Hotel. Hier kommen Hip-Hop- und Oldie-Fans auf ihre Kosten.
1 Fullerton Rd. | MRT: Marina Bay

★4 Clarke Quay ▶ S. 45

㊵ Esplanade Outdoor Theatre
▶ S. 45

Elegantes Ambiente, makelloser Service, exquisite Küche, erlesene Weine: Im berühmten Restaurant Raffles Grill (▶ S. 83) zu speisen ist schon eine Besonderheit.

④ Home　　　　　　　　　　D 4

Kein Mainstream, sondern lokale Interpreten. DJs und Musikrichtungen wird hier der Vorzug gegeben.
31–01/06 The Riverwalk, 20 Upper Circular Rd. | MRT: Raffles Place | www.homeclub.com.sg

④ Ink　　　　　　　　　　　E 4

Hier lässt ein meist junges Publikum bei Cocktails und angesagter Musik den Tag ausklingen.
Swissôtel The Stamford, 2 Stamford Rd. | MRT: City Hall | www.swissotel.com | So–Do 17–1, Fr, Sa 17–2 Uhr

SPORT

④ The Float@Marina Bay　　E/F 4

Plattform für große Sportevents.
Marina Promenade | MRT: Esplanade | www.marina-bay.sg

THEATER UND KONZERT

④ Victoria Theatre & Concert Hall
　　　　　　　　　　　　　　E 4

Internationale Musikevents, primär Klassik, Theater und Musicals. Derzeit wegen Renovierung geschlossen, Wiedereröffnung voraussichtlich 2015.
11 Empress Pl. | MRT: City Hall, Raffles Place | www.vch.org.sg

Im Fokus
Sir Stamford Raffles –
Pionier, Forscher und Stadtgründer

Man begegnet seinem Namen überall: Neben dem Raffles-Hotel und der Raffles Landing Site gibt es das Raffles Hospital, ein gleichnamiges College und eine Shoppingmall. Sogar eine Pflanze, die Rafflesia arnoldii, ist nach ihm benannt.

Doch wer war dieser Mensch, der sogar an verschiedenen Stellen der Stadt als Statue zu sehen ist? Schon seine Geburt war – sagen wir einmal – »anders«: Am 6. Juli 1781 wurde Thomas Stamford Bingley Raffles an Bord eines Schiffes vor der Küste Jamaikas geboren. Sein Vater, Benjamin Raffles, war Kapitän des Schiffes, seine Mutter soll aus den Niederlanden gekommen sein. Über seine ersten Lebensjahre gibt es nur wenige Aufzeichnungen, doch die Umstände seiner Geburt und die ersten Lebensjahre mit Seefahrern und in den Kolonien scheinen ihn nachhaltig geprägt zu haben. Schon 1795 bekam der 14-jährige Junge seinen ersten Job als Büroangestellter der British East India Company. Er war extrem fleißig und lernte neben seiner Arbeit alles, was ihm notwendig erschien. Er fiel seinen Vorgesetzten positiv auf, sodass man ihn schon 1804 nach Penang in Malaysia versetzte. Hier wurde er Assistant Secretary der East

◀ Wegbereiter des modernen Singapur:
Sir Stamford Raffles (▶ S. 86).

India Company. Scheinbar nebenbei lernte er Malay und schrieb eine Abhandlung über die Sprache der Einheimischen. Damit wurde er für die britische Krone unentbehrlich und bekam wichtige Aufträge in der Region. 1811 führte er ein militärisches Kommando nach Java. Diese Insel stand zu dem Zeitpunkt unter niederländischer Verwaltung. Allerdings hatten die Holländer keinen Rückhalt für ihre Kolonie in Europa, denn zu dieser Zeit der Napoleonischen Kriege gehörten die heutigen Niederlande zu Frankreich. Raffles konnte die Niederländer nach einem kurzen Krieg aus ihrer Kolonie vertreiben.

GEGNER DER SKLAVEREI

So erfolgreich, wurde er mit vielen Rechten ausgestattet. Raffles bekam die alleinige Regierungsmacht über die Region, konnte Vermessungen anordnen, berief Verwaltungen für die Bezirke ein und entwickelte eine Bodensteuer. Auf ihn geht auch die Einführung des Linksverkehrs in der Region zurück.

Java wurde privat für ihn allerdings zu einem ersten Wendepunkt, da hier 1814 seine erste Frau Olivia Mariamne in Buitenzorg (heute Bogor; hier errichtete er ein Denkmal für sie) verstarb.

Neben seinem wirtschaftspolitischen Engagement und privatem Ungemach fand er stets auch Zeit, sich mit der Natur der Region zu befassen. Er führte verschiedene Expeditionen durch, um neue Pflanzen und Tiere zu erforschen und Informationen zur Kultur der Einheimischen zu bekommen. Bei einer dieser Expeditionen auf Java entdeckte und erkundete er den Tempel Borobodur. Ruhm und Anerkennung wuchsen. Andererseits hatte er aber auch liberale Ideen zum Verhalten in den Kolonien. So war er beispielsweise ein ausgesprochener Gegner der Sklaverei.

Dies stieß zu dieser Zeit auf wenig Gegenliebe. Raffles abzuberufen konnte man sich jedoch nicht leisten. Eine Versetzung nach Benkulu in Südwest-Sumatra, einer nur 21 qkm großen Provinz, die etwas abseits der Handelswege lag, löste das Problem.

PERSÖNLICHES SCHICKSAL

1817 heiratete er in England ein zweites Mal. Nach der Hochzeit kehrte er nach Sumatra zurück. Hier wurde er 1818 Gouverneur. Mit seiner zweiten Frau Sophia Hull hatte er fünf Kinder (nur eines überlebte die Kindheit, vier verstarben im Alter von zwei Monaten bis vier Jahren). Und Ella Sophia, die einzige Überlebende, verstarb mit 19 Jahren, einen Tag vor ihrer eigenen Hochzeit mit John Sumner, dem Sohn des Bischofs von Winchester.

Auch auf diesem Posten erwarb er rasch Meriten und konnte kurz darauf den einflussreichen Lord Warren Hastings davon überzeugen, dass Großbritannien einen weiteren Stützpunkt in der Region brauche, den er zu entdecken und auszubauen gedenke. Er rüstete eine Expedition aus, der auch William Farquhar angehörte (Resident im malaiischen Malacca). Schon Ende Januar 1819 erreichte die Expedition eine Insel, das heutige Singapur. Für seine Interessen der ideale Ort: ein Tiefwasserhafen in einer geschützten Bucht, mitten im Seeweg zwischen Indien und China. Diese Insel gehörte dem Sultan von Johor. Herrscher war damals der Temenggong (malaiischer Adelstitel) Tengku Abdul Rahman, ein junger Adeliger, der allerdings in der Bevölkerung und bei anderen malaiischen Fürsten wenig beliebt war, da er seinen Herrschaftsanspruch gegenüber seinem älteren Bruder nur aufgrund einer Formalie erworben hatte (malaiisches Recht sah vor, dass stets der älteste Sohn den Herrschaftsanspruch des Vaters erben durfte, dafür aber zum Zeitpunkt des Todes des Vaters an dessen Seite wachen müsse. Hussein, der ältere Bruder, weilte aber zu diesem Zeitpunkt bei seiner eigenen Hochzeit in einem anderen malaiischen Staat, somit fiel sein Herrschaftsanspruch an den jüngeren Bruder).

POLITISCHES GESCHICK

Abdul Rahman konnte seine Macht aber nur durchsetzen, weil er sich von den Holländern unterstützen ließ. In dieser fragilen Situation kam Raffles politisches Geschick gepaart mit Farquhars Kenntnissen über die malaiischen Traditionen zum Zuge. Farquhar führte zur Ablenkung Verhandlungen mit Abdul Rahman, der einem Hafen unter britischer Hoheit nicht abgeneigt war, zugleich nahm Raffles Kontakt mit Hussein auf. Schon am 6. Februar 1819 kam es zu einer der mutigsten Aktionen Raffles. Auf dem Padang, dem Versammlungsplatz, verkündete er, Hussein sei der rechtmäßige Sultan von Johor, und dieser übernahm sofort als Sultan Hussein Mohammed Shah sein Amt. Erste Amtshandlung war die Unterzeichnung eines Vertrages mit Raffles und Farquhar. Ein neuer Stützpunkt der British East India Company war geboren.

Raffles selbst blieb nur kurz in Singapur, hatte aber mit dem Vertrag eine erste wichtige Weiche gestellt. Eine zweite wichtige Entscheidung war die

Ernennung William Farquhars zum ersten Kommandanten und später zum ersten Residenten der Insel.

Nach der Gründung des Stützpunktes galt es nur noch, den jetzt auch mit Leben zu füllen. Und das gelang vortrefflich. Lebten etwa 150 Menschen in dem kleinen Hafenort, so entwickelte sich die Bevölkerung noch im gleichen Jahr wohl auf etwa 5000 Menschen. 1823 kam es zur ersten Volkszählung, die einen Bevölkerungsanteil von 4580 Malaien, 3317 Chinesen, 756 Inder und 74 Europäer ergaben.

Leider entwickelte sich sein Traum von Singapur unter Farquhar aber nicht wie geplant, denn neben dem wirtschaftlichen Erfolg hatte Raffles (anders als Farquhar) auch immer die Menschen im Blick. So musste er 1821 bei seiner Rückkehr nach Singapur bereits feststellen, dass Farquhar Sklaverei und Opiumhandel duldete, es kam zur Auseinandersetzung, die 1823 zur Absetzung Farquhars führten (heute erinnert fast nichts mehr an seine Episode in Singapur). Er bestimmte John Crawford zum Nachfolger und plante die Bebauung in Eigenregie: Hügel wurden abgetragen, um ein neues Handelszentrum entstehen zu lassen, den Raffles Place, er teilte den verschiedenen Bevölkerungsgruppen ihre Stadtviertel zu, die auch heute noch Bestand haben, und begann mit kolonialer Architektur.

EIN BÄR ALS HAUSTIER

Doch auch sein Interesse an der Natur der Region wurde noch größer. Hatte er schon von Penang und Java zahlreiche Präparate nach England verschickt, so vervielfachte er dies von Singapur aus. Einige Tiere fing er auch lebend ein, hatte wohl einen Malaien-Bären als Haustier, der bei Mahlzeiten oft mit am Tisch saß, andere schickte er lebend nach London. 1824 machte er sich mit vielen Exponaten und Aufzeichnungen zurück auf den Weg nach England, verlor aber in einem Brand an Bord viele der Fundstücke. Trotzdem konnte er in London die Menschen mit seinen verbliebenen Aufzeichnungen und Berichten so sehr faszinieren, dass er Gründer der Zoologischen Gesellschaft von London und 1826 ihr erster Vorsitzender sowie Mitgründer des Londoner Zoos wurde.

Raffles interessierte sich aber nicht nur für die Tierwelt der Region, auch die exotische Fauna hatte es ihm angetan. So beschrieb er zahlreiche Arten, darunter auch die nach ihm benannte Rafflesia, jene Pflanze der tropischen Wälder, die eine bis zu 1 m große Blüte hervorbringt.

Raffles erlag am 5. Juli 1826, einen Tag vor seinem 45. Geburtstag, einem Schlaganfall.

CHINATOWN

Hier nahm der Handelsplatz Singapur seinen Anfang. Auch wenn sich seither vieles verändert hat, spürt man doch noch immer das alte Singapur, nicht zuletzt dank der vielen gelungenen Restaurierungen.

Chinatowns Anfänge reichen bis in das Jahr 1819 zurück. Die Einwanderer aus China wuchsen zur größten Bevölkerungsgruppe der Stadt heran. Ein Besuch dieses Viertels im Südwesten des Flusses wird zum Rundgang, der viele Sinne anregt. Buntes Treiben in den Straßen, in Geschäften wird mit Waren des täglichen Lebens sowie mit Souvenirs gehandelt, der Duft von Räucherstäbchen erfüllt die Luft in Tempeln, während hoher Feste weht er durch ganze Straßenzüge.

VIERTEL DER TEMPEL

An der Philip Street steht der Wak Hai Cheng Bio Temple, bemerkenswert ist die Gestaltung der Dachziegel, die eine chinesische Stadt im Miniformat darstellen. An der Telok Ayer Street wartet zunächst der Hakka Fuk Tak Chi Temple und wenige Schritte entfernt der 1830 errichtete

◀ Chinatown (▶ S. 90): heute wie einst ein bunter, pulsierender Handelsplatz.

Nagore-Durgha-Schrein. Gleich daneben befindet sich der Thian Hock Keng Temple. Noch etwas weiter die Straße entlang steht die Al-Abrar-Moschee von 1830 und nur ein paar Querstraßen entfernt der hinduistische Sri Mariamman Temple und die Jamae-Moschee.

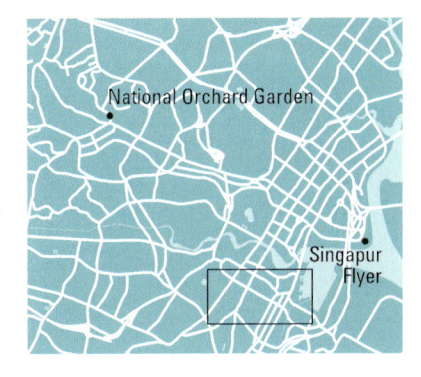

VIERTEL DER CLANS

Chinatown, das sind aber auch Clans, gebildet in aller Regel von Menschen aus einer Provinz, d.h. mit einem gemeinsamen Dialekt, die sich schon mit den ersten Einwanderern bildeten, da die Menschen in einfachsten Verhältnissen mit erbärmlichen hygienischen Zuständen lebten. Clans waren dazu in der Lage, ihre Mitglieder mit den einfachsten Dingen zu versorgen – hier fand man Schutz, Arbeit und sozialen Rückhalt.

Diese Clans führten auch zur Ansiedelung in bestimmten Straßenzügen: Hokkien vor allem um Telok Ayer, Teochew am Fluss, während Kantonesen und Hakka vor allem im Bereich Kreta Ayer siedelten.

Doch es gab auch Schattenseiten: die Kongsi, Geheimbünde, die illegal arbeiteten, Kaufleute erpressten und untereinander Kämpfe ausfochten – gern um Opium, Prostitution und Glücksspiel. In dieser Welt war der Zusammenhalt in der Familie besonders wichtig. Insbesondere Verstorbene gilt es zu ehren, gern auch mit Opfergaben: Geld, Handys, Häuser, Autos etc. Da man die aber nicht ins Jenseits bekommt, kauft man sie als Papierbild, das kostet wenig und brennt prima zur Geisterwelt hin.

Als sich in den 1980er-Jahren das Bild der Stadt zu wandeln begann, war auch Chinatown betroffen. »Shophouses« mussten Malls und Appartementhäusern weichen. Für die einen ein Segen, für die anderen ein Verlust. Es begann ein Ringen um den Erhalt des alten Viertels. Und das mit Erfolg, denn viele Bereiche konnten restauriert werden und zeigen auch heute noch einen Ausschnitt aus der chinesischen Vergangenheit. So sieht man immer noch Singvogelkäfige über dem Gehweg, und Wäsche trocknet, auf Bambusstäben aufgehängt, über der Straße – die »inoffizielle Nationalflagge«.

SEHENSWERTES

1 Al-Abrar-Moschee D5
Fast unscheinbar steht diese Moschee, eingezwängt zwischen zwei Geschäftshäusern an der Telok Ayer Street. Nur zwei turmartige (aber auch recht kleine) Minarette machen es unzweifelhaft, dass sich hinter der Fassade das Gotteshaus befindet. 1827 wurde das Bauwerk begonnen und dann 1855 als Moschee eingeweiht. 1974 wurde das Gebäude schließlich zum Nationaldenkmal erklärt.
192 Telok Ayer St. | MRT: Tanjong Pagar | www.muis.gov.sg | Besuche nur außerhalb der Gebetszeiten

2 Hakka Fuk Tak Chi Temple D5
Schon 1820 wurde der Tempel erbaut und bereits fünf Jahre später um buddhistische und konfuzianische Elemente erweitert. Er war dem Gott Tau Pek Gong gewidmet, zu dem man betete, um eine sichere Überfahrt von China aus zu bekommen. Mittlerweile ist der Tempel eigentlich keiner mehr, sondern eher ein Museum, das dann auch wieder zu einem Hotel gehört. Insgesamt sind große Teile des Areals, in dem sich der Tempel befindet, zum sogenannten Far East Square zusammengefasst worden, dessen Straßenzüge sogar teilweise überdacht wurden. Heute kommen immer einmal wieder Spieler hierher, um den Gott des Reichtums um seine Gunst zu bitten. Angeblich wird dies immer noch besonders unterstrichen, indem man die Figur mit Opium(!) beschmiert. Achten Sie auf die schwarze Schmiere an der Figur! In verschiedenen Dioramen wird auch die Geschichte der Stadt eindrucksvoll dargestellt.
76 Telok Ayer St., Far East Square | MRT: Raffles Place | www.fareastsquare.com.sg | tgl. 10–22 Uhr | Eintritt frei

3 Jamae (Chulia) Moschee D5
1826 erbauten tamilische Moslems (die Chulia) aus dem Süden Indiens hier die erste Moschee. Erbaut im Stil eines Palastes ist sie ausgesprochen sehenswert, zumal sie verschiedene Elemente vereint, darunter das südindisch beeinflusste Portal und die neoklassizistischen Gebetsräume.
218 South Brigde Rd. | MRT: Chinatown | www.mosque.org.sg | tgl. 10–21 Uhr | Eintritt frei

4 Jinriksha Station D5
An der Ecke Tanjong Pagar Rd./Neil Rd. sticht die Jinriksha Station (auch Jinricksha oder Jinrickshaw Station) aus dem Einerlei der Gebäude hervor. 1903 wurde das im neobarocken Stil errichtete Bauwerk als Zentrale der Rikschas eröffnet: Hier wurden die Fahrrad-Taxis registriert, verwaltet und auf Verkehrssicherheit geprüft. Sie verloren um 1947 ihre Funktion, als man mehr »trishaws« einsetzte. Bereits zu der Zeit avancierte das auffallende Gebäude zum Zentrum für Familienplanung, heute dient es als Geschäfts- und Wohnhaus.
Tanjong Pagar Rd./Neill Rd. | MRT: Chinatown | nur von außen zu besichtigen

5 Nagore-Durgha-Schrein D5
Als mit der Ankunft Raffles in Singapur auch immer mehr Inder auf die Insel kamen, waren unter ihnen auch zahlreiche Menschen aus Südindien, die sogenannten Chulias. Obwohl man ihnen einen anderen Bereich am Fluss

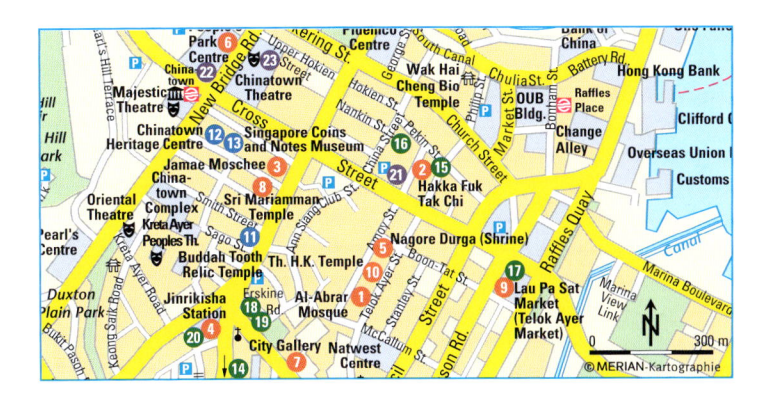

zuwies, siedelten etliche nach und nach auch nahe der chinesischen Bereiche an der Telok Ayer Street. Unter ihnen war auch ein Mann namens Kaderpillai, der 1827 hier ein Stück Land für 99 Jahre zugesprochen bekam, auf dem er den Tempel zwischen 1828 und 1830 erbaute. Bemerkenswert ist die Architektur des Gebäudes, die mit ihren Rundbogenfenstern und Säulen eher wie ein kleiner Palast anmutet als ein Tempel. Dies wird noch betont durch die vielen kleinen Ausschnitte in den Wänden des oberen Geschosses. Im Inneren befinden sich neben der Gebetshalle auch zwei in bunten Farben bemalte Schreine.

148 Telok Ayer St. | MRT: Tanjong Pagar | www.singaporenagoredargah.com | nur außerhalb der Gebetszeiten zugänglich

6 People's Park Complex D5

Am Fuße des Pearl Hill steht mit dem 103 m hohen Gebäudekomplex eine der ältesten Shoppingmalls Singapurs. Früher lag hier ein Park, später wurde auf dem Areal eine Markthalle gebaut, die 1966 niederbrannte. Doch das Gebiet hat eine viel längere Geschichte, denn schon 1822 erkannte James Pearl, ein Mitglied in Raffles Expedition, die Bedeutung des Hügels, erwarb ihn und nannte ihn nach seinem Mentor, nämlich Mount Stamford.

Als er später die Insel verließ, verkaufte er den Hügel der Regierung, die ihn nun zu Ehren des ehemaligen Besitzers Pearl's Hill nannte. In den 1930er-Jahren wurde er zum Sitz der Kriminalpolizei und des Sikh-Kontingentes. Zwischen 1953 und 1965 brachte man hier die Security Abteilung zum Schutz des Präsidenten unter. Nach dem Brand der Markthalle 1966 plante man neu: Ein moderner Marktplatz sollte entstehen, parallel dazu eine Wohnanlage und damit letztlich ein ganz neues Viertel. 1967 begannen die Bauarbeiten; seit der Fertigstellung (zwischen 1970 und 1973) wird nun gehandelt und gelebt, und seitdem hat man hier auch kleines Stückchen des alten Shoppingplatzes Singapur erhalten, ohne die Glitzer- und Glamourwelt der Orchard Road oder der Marina Bay.

New Bridge Rd./Park Rd. | MRT: Chinatown

7 Singapore City Gallery D5

In sehr anschaulicher Art mit großen Modellen und Multivisionsshows vermittelt man hier dem Besucher einen Eindruck von Singapurs Vergangenheit und der geplanten Zukunft. Ein wesentlicher Aspekt ist dabei seit Jahren stets auch das Thema »Nachhaltigkeit« und »Umweltschutz«. Daneben werden Bauprojekte gezeigt, die für die Zukunft geplant sind, alte Substanz aber erhalten sollen.
45 Maxwell Rd. | MRT: Tanjong Pagar | www.singaporecitygallery.sg | Mo–Sa 9–17 Uhr | Eintritt frei

8 Sri Mariamman Temple D5

Dieser älteste Hindutempel Singapurs wurde bereits um 1827 als Gebäude aus Holz und Attap-Matten (Flechtmatten aus Palmblättern und Gräsern) errichtet. Seit 1843 ergänzen Ziegelmauern das Bauwerk. Glocken zieren die Eingangstüren, zahllose Götterfresken die Wände und Decken. Gläubige Hindus beten hier zur Göttin Sri Mariamman, um von Krankheiten geheilt bzw. vor ihnen geschützt zu werden. Alljährlich im Oktober ist der Tempel Hauptschauplatz des Thimithi-Festes (▶ S. 49), zu dem Gläubige über glühende Kohlen laufen.
244 South Bridge Rd. | MRT: Chinatown | tgl. 7–12 und 18–21 Uhr | Eintritt frei, für Fotos werden 3 S$ berechnet, für Videos 6 S$

9 Telok Ayer Market (Lau Pa Sat Market) D5

Die ehemalige Markthalle im Herzen des Bankenviertels wurde in den vergangenen Jahren aufwendig und mit Liebe zum Detail renoviert. Die sehenswerte gusseiserne Architektur aus dem letzten Jahrhundert, übrigens die letzte ihrer Art im asiatischen Raum, blieb allerdings erhalten. Mittlerweile beherbergt das eindrucksvolle Gebäude 88 Essstände. Am besten sollte man diese nostalgische Halle um die Mittagszeit besuchen, weil dann die dort angebotenen Speisen (Köstlichkeiten aus jedem Winkel der Welt) ganz frisch zubereitet sind.
Shenton Way/Cross St. | MRT: Raffles Place | www.laupasat.biz

10 Thian Hock Keng Temple D5

Der Tempel ist einer der ältesten Hokkien-Tempel Singapurs, der Ma Zu (Göttin der See) geweiht ist. Zu ihr wurde für eine sichere Überfahrt nach Singapur gebetet. Ab 1839 baute ein Hokkien Clan unter Führung von Tan Tock Seng und Si Hoo Keh diesen Tempel. Neben dem Gebetsbereich war hier auch das Büro des Clans untergebracht.

Vor dem Eingang sitzen zwei Löwen, das Weibchen hat ein Jungtier. Im Maul des Löwen liegt eine Granitkugel, wenn man sie rollt, soll es Glück bringen. Der Kopf ist aus einem Stück gehauen, das heißt, die Kugel, die nicht herausnehmbar ist, musste im Maul selbst gefertigt werden. Interessanterweise zieren Delfter Porzellankacheln die Wände des Hofes. Im Tempel selbst gibt es zahlreiche bedeutende Stücke zu sehen, so z. B. die in Stein gemeißelte Geschichte des Tempels, die Worte Bo Jing Nan Ming (sanfte Wellen des südlichen Meeres), die vom Kaiser der Qing-Dynastie Guang Xu von 1907 stammen. Das Besondere an der Architektur – der komplette Bau

Im Buddha Tooth Relic Temple and Museum (▶ S. 115) beeindrucken die majestätischen Statuen. Glanzstück ist die heilige Zahnrelique, die in einer goldenen Stupa ruht.

wurde ohne einen einzigen Nagel errichtet – ließ den Tempel 1973 zum Nationalmonument und 2001 zum UNESCO-Weltkulturerbe avancieren.
158 Telok Ayer St. | MRT: Tanjong Pagar | www.thianhockkeng.com.sg | tgl. 7.30–17.30 Uhr | Eintritt frei

MUSEEN UND GALERIEN

11 Buddha Tooth Relic Temple and Museum ▶ S. 115
12 Chinatown Heritage Centre ▶ S. 116
13 Singapore Coins & Notes Museum ▶ S. 119

ESSEN UND TRINKEN
RESTAURANTS
14 Blue Ginger 🚩 　　　 D 6
Essen wie anno dazumal – Das Restaurant gibt sich ausgesprochen stylish. Und das obwohl man hier die »alten«, im Sinne von »überlieferten«, Gerichte der Peranakan bekommt. Dazu zählt u. a. die Verwendung der Durian. Man sollte unbedingt ein wenig Platz für ein »gula melakka«-Dessert lassen!
97 Tanjong Pagar Rd. | MRT: Tanjong Pagar | www.theblueginger.com | Tel. 62 22 39 28 | tgl. 12–14.30 und 18.30–22.30 Uhr | €€€

Kräuterläden und Apotheken offerieren allerlei exotisch anmutende Heilmittel (▶ S. 97), aber auch bei Europäern beliebte Produkte wie Tigerbalsam und Ginseng.

⓯ China Square　　　D5

Typisch Singapur – Essangebote und zahlreiche Geschäfte finden Sie hier unter einem Dach. Von der »einfachen« Garküche bis hin zum teuren Gourmetrestaurant.

China Square Central, 18 Cross St. | MRT: Chinatown | www.chinasquarecentral.com | Tel. 63 27 44 73 | tgl. 10–22 Uhr | €–€€€

⓰ Far East Square　　　D5

Klimatisiert – Essen, trinken und das Leben genießen lautet das Motto rund um die glasüberdachte Amoy Street.

133 Amoy St. | MRT: Chinatown | www.fareastsquare.com.sg | tgl. 10–22 bzw. 24 Uhr (Pubs) | €–€€€

⓱ Kopitiam ▶ S. 29

⓲ Maxwell Food Centre　　　D5

Gut und preiswert – Wer mittags in der Chinatown ist und Hunger verspürt, kommt hierher. Und wer sich nur irgendwie in der Nähe befindet, isst auch hier. So beliebt sind die guten und preiswerten »hawker stalls«, die spezielle Gerichte servieren, die man anderswo lange suchen muss.

1 Kadayanallur St. | MRT: Tanjong Pagar, Chinatown | tgl. 8–22 Uhr | €–€€

19 Tian Tian Haianese Chicken Rice   D5

Reisspezialitäten – Sehr beliebtes Lokal im Maxwell Food Centre. Hier gibt es ausgezeichneten »chicken rice«, der mit einer Sauce aus Soja, Sesam, Knoblauch und Chili zubereitet wird.

01-10 & 11 Maxwell Food Centre | MRT: Tanjong Pagar, Chinatown | Tel. 96 91 48 52 | www.tiantianchickenrice.com | tgl. 10.30–20 Uhr | €

20 Tea Chapter   D5

Hier kann man noch klassische chinesische Teezeremonien erleben oder einfach nur eine Tasse guten Tee – manche sagen, es sei der beste Tee in der Stadt – genießen.

Chinatown | 9–11 Neil Rd. | MRT: Outram Park | Tel. 62 26 11 75 | www.teachapter.com | tgl. 11–22.30 Uhr | €€

EINKAUFEN

FLOHMARKT

21 Weekend Flea Market China Square   D5

An jedem Sonntag nehmen Händler die unteren Etagen in Beschlag und betreiben hier einen bunten Flohmarkt.

18 Cross St. | MRT: Chinatown | So 11–18 Uhr

KUNSTHANDWERK UND SOUVENIRS

An der South Bridge Road (A–B18) und der Pagoda Street (A18) gibt es zahllose Geschäfte, in denen man unterschiedlichste Souvenirs aus »China« erstehen kann. Ob Buddhafiguren oder -bilder, Amulette, bunte Lampions, bedruckte T-Shirts, Kalligrafie-Papier und -schreibgeräte, Stempel oder chinesische Kleidung: Wer's möchte, wird hier fündig.

SHOPPING CENTER

22 People's Park Complex   D5

Hier gibt es Haushaltswaren, Körbe und Taschen, Kleidung, Uhren und Spielzeug in Hülle und Fülle.

101 Upper Cross St. | MRT: Chinatown

23 Singapore Handicraft Centre   D5

Auf mehreren Etagen bekommen Sie viele Mitbringsel: Bilder, Töpferwaren, Porzellan und Stoffe.

133 New Bridge Rd. | MRT: Chinatown | tgl. 8–19 Uhr

Wollen Sie's wagen?

Mit Heilkräutern, Tees und allerlei Tierbestandteilen gegen die Krankheiten dieser Welt! Ob Wurzelknollen, Blättersud, geröstete Ameisen, Bärengalle, Tigerpenis, zerstoßenes Hirschgeweih oder in Alkohol eingelegte Schlangen, in der Chinatown gibt es Apotheken, die derlei traditionelle Mittel anbieten. Oft reicht beim Zipperlein schon ein Blick auf die Medizin, und Sofortheilung setzt ein. Wer's trotzdem versuchen möchte, kann ganz einfach mit Tiger Balm beginnen. Und sonst sollte der Gedanke an und über Artenschutz im Vordergrund stehen, denn viele Tierarten, die zu Medizin »verarbeitet« werden, sind genau deshalb vom Aussterben bedroht.

Chinatown | MRT: Chinatown

ORCHARD ROAD/ RIVER VALLEY

Kommerz, Konsum, Glitzerwelt und moderne Architektur bestimmen dieses Stadtviertel ebenso wie ruhige Gegenden mit viel Grün und einem historischen Charme, dem man sich nicht entziehen kann.

Singapur ist gleich Shopping in der **Orchard Road** ⭐ – so einfach lautet für viele die Formel. In den 1830er-Jahren besaß die Straße nicht einmal einen Namen, führte durch Obstplantagen und vorbei an Pfefferfarmen. Schon 20 Jahre später machten Rodungen Platz für den Hausbau.

GEBURTSSTUNDE EINER NOBELMEILE

Gotteshäuser, Friedhöfe, Märkte und sogar eine Großwäscherei siedelten sich an. 1903 eröffnete der erste Cold Storage Supermarkt (heute steht hier die Centrepoint Mall), und 1958 wurde das erste Kaufhaus von C. K. Tang, einem Singaporeaner, eröffnet. 1982 wurde es abgerissen und durch das neue Tangs an der Ecke Scotts Road ersetzt, das neben dem

◀ Konsum und Kommerz dominieren die noble Orchard Road (▶ MERIAN TopTen, S. 101).

Warenhaus heute auch das Marriot Hotel beherbergt. Seit 1970 kamen immer mehr Händler an diese Straße, sie wurde zum Verkaufszentrum der Stadt. 1974 baute man das Plaza Singapura, und dann ging es Schlag auf Schlag. Jede neue Mall war bemüht, die älteren durch besonders glanzvolle Präsentation in den Schatten zu stellen. Mittlerweile erstrecken sich über 800 000 qm Geschäftsflächen entlang der Straße. Geplant ist, die Orchard Road zur längsten und schönsten Shoppingmall der Welt werden zu lassen.

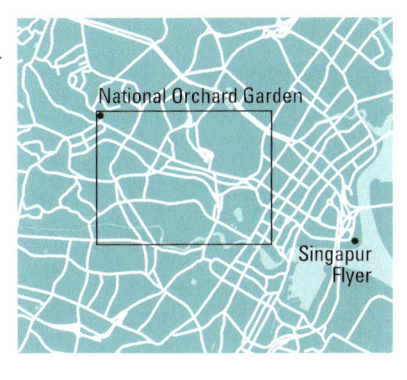

Doch das ist nur der eine Teil des Gebietes, denn nur wenige Schritte abseits der umtriebigen Nobelmeile findet man ein viel ruhigeres Singapur. Das beginnt schon am Palast des Präsidenten (Istana) und setzt sich im Südwesten fort: in der grünen Oase des Fort Canning Hill, an der Sacred Heart Kirche, der Chesed-El-Synagoge, dem Sri Thandayuthapani Temple oder dem Hong San See Temple.

SEHENSWERTES

1 Botanic Gardens

▶ Klappe vorne, c 4

Unweit der Orchard Road erstreckt sich der 52 ha große Botanische Garten. Unzählige exotische Pflanzenarten und ein See mit Wasservögeln (darunter auch Eisvögel) bilden eine ruhige, beschauliche Oase. Der Park war ursprünglich ein Versuchsgelände für tropische Nutzpflanzen, ein kleiner Bestand an Kautschukbäumen erinnert daran. 1839 begann die industrielle Nutzung des Latex-Saftes, nachdem Charles Goodyear das Vulkanisierungsverfahren erfunden hatte. Bis 1877 lag das Monopol bei den Spaniern, die den Rohstoff aus ihren südamerikanischen Kolonien importierten. Eifersüchtig wachten sie über den Baum, doch gelang es 1877, Samen nach England zu schmuggeln. Hier wurden Setzlinge herangezogen, die dann erfolgreich in Malaysia angepflanzt wurden. Im National Orchid Garden sind 60 000 Orchideen zu bewundern.

Cluny Rd. | MRT: Botanic Garden | www.sbg.org.sg | tgl. 5–24 Uhr, Orchideengarten tgl. 8.30–19 Uhr | Eintritt frei, Orchideengarten 5 S$

2 Chesed-El-Synagoge D3

Die Synagoge wurde 1905 von der jüdischen Gemeinde errichtet, nachdem die Maghian Aboth-Synagoge (von 1878) zu klein geworden war. Das im Renaissancestil erbaute Gotteshaus nutzte als eines der ersten Gebäude der Stadt Gaslaternen.

Oxley Rise | MRT: Dhoby Ghaut | www.singaporejews.org | Tel. 67 36 66 22 | Öffnungszeiten variieren

Naturerlebnis im Botanischen Garten

Abschalten, relaxen, träumen, wo geht das besser als in der Natur? Spazieren Sie auf den Wegen des riesigen Botanischen Gartens durch ein ganz anderes Singapur. Hier finden Sie Vögel, Reptilien, Baumriesen, Orchideen und andere tropische Gewächse (▶ S. 14).

❸ Fort Canning Park   D/E 3/4

In diesem Park in der Innenstadt recken sich tropische Bäume aus weiten Rasenflächen empor, gepflegte Wege und Treppen führen hinauf zum ehemaligen Fort Canning, dem ersten Gouverneurssitz der Stadt. Erst residierten hier malaiische Sultane, später dann Sir Stamford Raffles. Echsen, bunt schillernde Vögel und Schmetterlinge finden in dieser großen Grünanlage ein Refugium. Militärhistorisch Interessierte hingegen besuchen das moderne Museum Battle Box auf dem Canning Hill.

Zugang von der River Valley Road oder vom Canning Rise | MRT: Dhoby Ghaut

❹ Hong San See Temple   C 4

Übersetzt bedeutet der Name so viel wie »Tempel des Glücks/Schicksals«. Gewidmet ist er Guang Ze Zun Wang. Dieser Gottheit wird nachgesagt, sie habe sich selbst in die Sklaverei verkauft, um mit dem Geld das Grab der Eltern pflegen zu können. Ursprünglich war der Tempel um 1829 von Einwanderern aus der chinesischen Provinz Fukien in der Tras Street erbaut worden, wurde dann aber 1907 an die jetzige Adresse verlegt. Die reich verzierte Gebetshalle zeigt wundervolle Holzschnitzarbeiten.

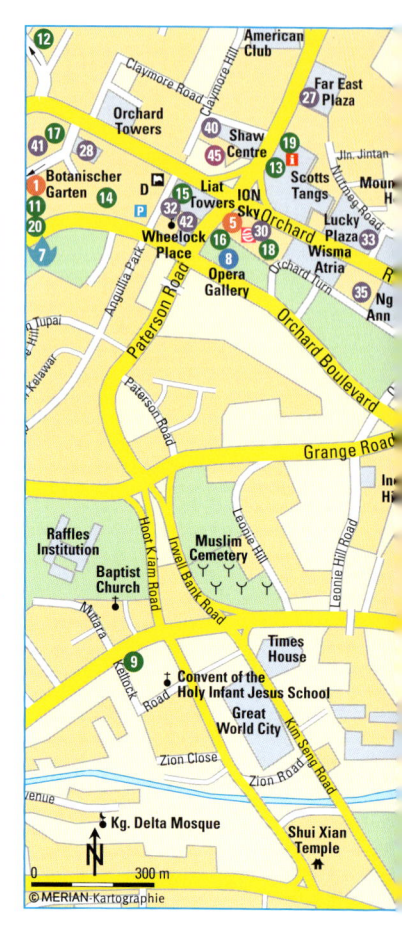

Orchard Road/River Valley | 101

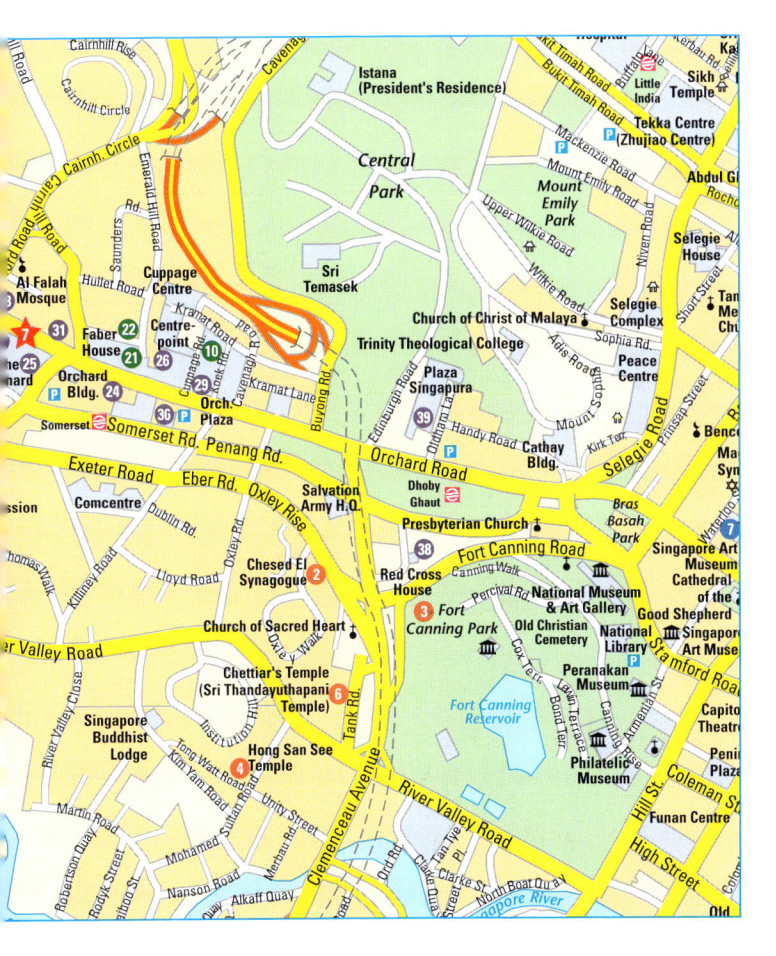

29 Mohammed Sultan Rd. | MRT: Dhoby Ghaut/Clarke Quay | tgl. 9–18 Uhr

5 ION Sky B2

Von der 55. und 56. Etage hat man einen tollen 360-Grad-Blick über die Orchard Road. Man beginnt die »Reise« im vierten Stock, in der ION Art Gallery. Von hier geht es mit dem Expresslift nach oben. Unterwegs er- fährt man Interessantes über die Entstehung von Wolken.

2 Orchard Turn | MRT: Orchard | www.ionsky.com.sg | tgl. 10–12 und 14–20 Uhr | Eintritt 16 S$, Kinder 8 S$

⭐ Orchard Road B2–D3

Der Name dieser Straße steht stellvertretend für Konsum und Kommerz, Leuchtreklame und Verkehrsstaus,

hastende Menschenmassen und – im Bereich einzelner Einkaufskomplexe – Schlepper, die mit günstigen Plagiaten bekannter Nobelmarken locken. Vorsicht! Handel und Ausfuhr sind illegal!
MRT: Dhoby Ghaut, Somerset, Orchard

❻ Sri Thandayuthapani Temple
C/D 4

Der auch unter der Bezeichnung Chettiar's Temple bekannte Hindutempel weist südindische Kultureinflüsse auf, gehört aber zu den Gebäuden, die 1980 komplett neu aufgebaut wurden. Die Vorgängerbauten stammten von 1850, wurden aber immer wieder ergänzt und waren schließlich baufällig. Beeindruckend sind die vielen Schreine im Innenhof. 48 Glaspfannen im Dach sind so zum Himmel hin ausgerichtet, dass das Licht der auf- und untergehenden Sonne den Innenraum beleuchten kann. Besonders farbenfroh und faszinierend sind die Feierlichkeiten zum Hindufest Thaipusam Ende Januar/Anfang Februar (▶ S. 47) und zum Navarathiri-Fest im Oktober.
15 Tank Rd. | MRT: Dhoby Ghaut, dann zu Fuß über die Penang Road und Clemenceau Avenue | www.sttemple.com

MUSEEN UND GALERIEN
❼ Singapore Art Museum ▶ S. 118
❽ Opera Gallery ▶ S. 119

ESSEN UND TRINKEN
RESTAURANTS
❾ Boon Tong Kee Chicken Rice
B 4

Beliebt bei Singaporeanern – Der »chicken rice« aus Hainan wird auch von den Einheimischen geschätzt und am liebsten mit der würzigen Chilisauce gegessen.
Singapore River | mehrere Filialen, z. B. 425 River Valley Rd. | MRT: Clarke Quay, Taxi | www.boomtongkee.com.sg | Tel. 67 36 32 13 | €

❿ Cuppage Road
C 3

Foodstall-Flair – Zwischen den Einkaufszentren Centrepoint und Orchard Point säumen zahllose kleinere Open-Air-Restaurants die quirlige Fußgängerzone.
MRT: Somerset | €€€

⓫ Halia ▶ S. 29
⓬ The Line ▶ S. 29
⓭ mezza 9 ▶ S. 29

⓮ One-Ninety
B 2

Stylish – Elegantes Restaurant mit erlesenen Speisen aus aller Welt. Ein Muss ist das Dessert-Buffet.
Four Seasons Hotel, 190 Orchard Blvd. | MRT: Orchard | Tel. 68 31 72 50 | www.fourseasons.com/singapore | tgl. 6.30–10.30, 11.30–14.30, 18.30–22.30 Uhr | €€€

⓯ The Rice Table
B 2

Reisvielfalt – Preiswerte indonesische »rijstafel«-Gerichte.
International Building, 02–09/10, 360 Orchard Rd. | MRT: Orchard | Tel. 68 35 37 83 | www.ricetable.com.sg | tgl. 12–14.30 und 18–21.30 Uhr | €€

⓰ Salt Grill & Sky Bar 🚩
B 2/3

Toller Ausblick – Im ION Sky kann man sehr gute Cocktails in der Sky Bar genießen. Wer hier zu Mittag oder Abend essen möchte, findet im Salt Grill leckere Grillspezialitäten aus Asien und dem Westen.

2 Orchard Turn | MRT: Orchard | www.saltgrill.com | Tel. 65 92 51 18 | tgl. 11–14 und 18–22, Bar tgl. 18–23.30 Uhr | €€–€€€

17 Tambuah Mas   A/B 2
Traditionell – Gutes, preiswertes indonesisches Restaurant, in dem authentische Gerichte aus Padang, Sulawesi und Java auf den Tisch kommen. Bekannt für »beef rendang« und »tahu« (Sojaquark)-Gerichte.
Tanglin Shopping Centre, 04–10/13, 19 Tanglin Rd. | MRT: Orchard | Tel. 67 33 33 33 | www.tambuahmas.com.sg | tgl. 11–22 Uhr | €

BARS

18 Balaclava@ION Orchard   B 2/3
Durchgestylte, moderne City Bar. 50 Weinsorten und gute Jazzmusik erfreuen das gut betuchte Publikum. Orchard Road | 05–20 ION Orchard, 300 Orchard Rd. | MRT: Orchard | www.Imaginings.com.sg | Mo 17–24, Di–Do 17–1, Fr, Sa 17–2 Uhr

19 Brix   C 2
Hier trifft sich die Schickeria, um bei teuren Drinks inmitten antikem Schiffszubehör zu plauschen.
Grand Hyatt Hotel, 10–12 Scotts Rd. | MRT: Orchard | www.singapore.grand.hyatt.com | Do–Sa 21–4, So–Mi 21–3 Uhr

20 Manhattan Bar 🚩   A 2
Klassische amerikanische Cocktailbar mit einem großen Angebot an internationalen Spitzenweinen.
The Regent, 1 Cuscaden Rd. | MRT: Orchard oder Taxi | www.regenthotels.com | So–Do 17–24, Fr, Sa 17–1 Uhr

Eine grüne Oase für Städter ist der Fort Canning Park (▶ S. 100) auf dem Bukit Larangan. Auf diesem Hügel ließ übrigens 1823 Sir Stamford Raffles sein Haus bauen.

㉑ Peranakan Place/Emerald Hill Road 🏷 C3

Kneipen, Pubs und Bars reihen sich in dieser schmalen Seitenstraße der Orchard Road dicht an dicht. Hier kann man tagsüber einen Kaffee genießen (Outdoors Café) oder abends ein kühles Bier (Acid oder Alley Bar).
180 Orchard Rd. | MRT: Somerset | www.peranakanplace.com | tgl. 11–3 Uhr (Outdoor Café), 17–3 Uhr (Acid und Alley Bar)

㉒ Que Pasa 🏷 C3

Singapurs älteste Weinbar bietet edle Tropfen aus aller Welt, zum Teil glasweise, an.
7 Emerald Hill Rd. | MRT: Somerset | Mo–Do 12–2, Fr, Sa 12–3, So 17–2 Uhr

㉓ Zouk 🏷 C4

Disco mit besonderen Events. Regelmäßig internationale Live Acts.
17 Jiak Kim St. | MRT: Orchard, dann Bus 16 oder 195 | www.zoukclub.com | So–Mi 21–3, Do–Sa 21–4 Uhr

EINKAUFEN

Fast alle Einkäufe entlang der Orchard Road kann man in den Malls erledigen. Viele Geschäfte haben in mehreren Malls ihre Niederlassungen, manche sind eher auf den luxuriösen Bedarf ausgerichtet, andere eher auf Artikel des täglichen Lebens. Die folgende Liste gibt einen Überblick.

MALLS

㉔ 313@Somerset 🏷 C3

Viele junge Label suchen die Gunst der Käufer zu erringen.
313 Orchard Rd. | MRT: Somerset | www.313somerset.com.sg

㉕ Cathy Cineleisure Orchard 🏷 C3

Der Treffpunkt für junge Mode.
8 Grange Rd. | MRT: Somerset | www.cathaycineleisure.com.sg

㉖ Centrepoint 🏷 C3

Auch eine der älteren Malls. Hier gibt es viel Kamerazubehör, z. B. im Nikon-Store, zudem gibt es hier ein Robinsons-Kaufhaus.
176 Orchard Rd. | MRT: Somerset | www.frasercentrepointmalls.com

㉗ Far East Plaza 🏷 B2

Das Plaza bietet sich für Preisvergleiche an.
14 Scotts Rd. | MRT: Orchard | www.fareast-plaza.com

㉘ Forum The Shoppingmall 🏷 B2

Hier gibt es u. a. einen Toys R Us-Laden.
583 Orchard Rd. | MRT: Orchard | www.forumtheshoppingmall.com.sg

㉙ Giordano ▶ S. 36
㉚ ION Orchard ▶ S. 35

㉛ The Heeren Shops 🏷 C3

Exklusive Mitbringsel und Label gibt es in 47 Geschäften, darunter Fendi, Gucci und Cartier.
260 Orchard Rd. | MRT: Somerset | www.theheeren.com.sg

㉜ Liat Towers 🏷 B2

Erlesenes aus aller Welt, u. a. hat Hermès hier eine große Niederlassung und einen SOGO-Departmentstore.
541 Orchard Rd. | MRT: Orchard | www.hermes.com

㉝ Lucky Plaza ▶ S. 36

34 Mandarin Gallery C3

Exklusive und bekannte Designer-Label finden sich hier.
333A Orchard Rd. | MRT: Orchard | www.mandaringallery.com.sg

35 Ngee Ann City C3

Im exklusiven Einkaufsparadies dominieren Produkte namhafter Designer, das japanische Kaufhaus Takashima und der riesige Buchladen Kinokuniya.
391 Orchard Rd. | MRT: Orchard | www.ngeeanncity.com.sg

36 Orchard Central C3

Bevor man die Mall betritt, sieht man vor allem die hypermoderne Architektur mit viel Glas und Stahl, halb außen liegenden Rolltreppen und neben den mehreren Hundert Shops auch begrünten Teilen.
181 Orchard Rd. | MRT: Somerset | www.orchardcentral.com.sg

37 Paragon C2/3

Über 100 internationale Marken, darunter Calvin Klein und Donna Karan.
290 Orchard Rd. | MRT: Somerset | www.paragon.com.sg

38 Park Mall D3

An dieser Parallelstraße zur Orchard Road bekommen Sie vor allem Wohnaccessoires.
9 Penang St. | MRT: Dhoby Ghaut | www.parkmall.com.sg

39 Plaza Singapura D3

Eine Mall der ersten Stunde, aufwendig renoviert und mit einem bunten Mix aus Läden für jeden Geldbeutel.
68 Orchard Rd. | MRT: Dhoby Ghaut | www.plazasingapura.com.sg

40 Shaw House B2

Neben einigen kleineren Geschäften gibt es hier das große Kaufhaus Isetan.
350 Orchard Rd. | MRT: Orchard | www.shaw.com

41 Tanglin Shopping Centre A/B2

Bekannt für Antiquitäten und günstige indonesische Restaurants.
19 Tanglin Rd. | MRT: Orchard | www.tanglinsc.com

42 Wheelock Place B3

Etliche Geschäfte und eine tolle Fassade mit einer Glaspyramide.
501 Orchard Rd. | MRT: Orchard | www.wheelockplace.com

MODE

43 Abercrombie & Fitch C3

Das angesagte Label für Freizeitmode im kalifornischen Surferstil hat hier einen Store, vor dem durchtrainierte junge Männer mit freiem Oberkörper die Kunden im Eingang begrüßen.
270 Orchard Rd. | MRT: Somerset | www.abercrombie.com | tgl. 10–22 Uhr

44 Blush C3

Elegante Tag- und hauchzarte Nachtwäsche für Damen aller Altersklassen findet sich in diesem exklusiven Shop ebenso wie ausgefallene Bade- und Strandmode und aufregende Dessous.
Paragon Shopping Centre, 290 Orchard Rd. | MRT: Orchard

KULTUR UND UNTERHALTUNG

45 Shaw Theatres B2

Das Lido ist eines der ältesten Kinos, aber mit modernster Technik.
350 Orchard Rd. | MRT: Orchard | www.shaw.sg

No Eating or Drinking
Fine $500

No Smoking
Fine $1000

No Flammable Liquid or G...
Fine $500

Im Fokus
Singapur, der Überwachungsstaat – »Big Brother is watching you!«?

Schon am Flughafen beginnt es. Scheinen die schwer bewaffneten Polizisten, die überall patrouillieren, in Zeiten des internationalen Terrorismus üblich zu sein, sind andere Überwachungsmaßnahmen eher gewöhnungsbedürftig.

Jeder Reisende und sein Gepäck werden genau überprüft, am Flughafen kaum merklich, an den Landgrenzen zu Malaysia (Einreise mit Bus oder Bahn) aber umso deutlicher sichtbar, denn jedes Gepäckstück wird durchleuchtet und im Zweifelsfall durchsucht. Nicht nur auf Drogen, sondern auch auf Waffen und Zigaretten. Und dies ist kein Witz und bedarf genauer Beachtung: Möchte man z.B. als Sporttaucher beim Asientrip tauchen gehen, ist ein Tauchermesser fester Bestandteil der Ausrüstung. An der Grenze habe ich entsprechend oft schon die Frage nach dem »sword« (Schwert) hören müssen, dann mein Tauchermesser vorgezeigt und mitgeteilt bekommen, die Einfuhr sei verboten! Erst gegen Vorlage meines Tauchzertifikates wurde es dann als Sportausrüstung eingestuft und durfte eingeführt werden. Reist man aus einem Nachbarland ein und führt als Souvenir einen Kris (malaiischer Dolch)

◄ Rauchen, Spucken, Kaugummis, Graffity,
Abfall ... – Alles verboten! (▶ S. 107).

oder ein Blasrohr bei sich, ist an der Grenze zu Singapur ein Problem vorprogrammiert.

Nicht viel anders ergeht es Rauchern, denn die Einfuhr von Zigaretten ist ebenfalls verboten. In diesem Fall aber besonders rigoros. Maximal eine angebrochene Packung mit nicht mehr als 17 Zigaretten darf man bei sich führen, sonst muss jede einzelne Zigarette nachverzollt werden, sodass man pro Packung mit etwa 250 € Strafe rechnen muss!

DIE VIDEOÜBERWACHTE STADT

Besonders heftig ist die Kontrolle erst in Krisenzeiten wie z. B. bei Ausbruch von Infektionskrankheiten. Da wurde im Rahmen von SARS und dem H1N1-Ausbruch z. B. jeder ankommende Reisende automatisch bezüglich seiner Körpertemperatur und eventuell vorhandener Infektionsherde elektronisch beim Gang über eine Rolltreppe gescannt, im Zweifel ärztlich untersucht und kam dann möglicherweise in Quarantäne.

Doch an diese Art der Überwachung sollte man sich gewöhnen, nein, nicht an die schwer bewaffneten Polizisten, sondern vielmehr an die Videoüberwachung. Während die Polizeipräsenz in der Stadt kaum spürbar ist, hängen stattdessen überall Kameras. Und ebenso häufig findet man die großen Informationsschilder zu verbotenen Dingen oder Tätigkeiten, stets verbunden mit dem Hinweis auf »fine«, also die Höhe der Geldstrafe. »Singapore is a fine city«, scherzt ein englischer Slogan und spielt so mit dem Begriff »fine«, der »schön«, aber auch »(Geld-)Strafe« bedeutet.

NO LITTERING!

Jedwede Art von »littering« (Verunreinigung) ist strafbar, eigentlich wie bei uns. Hohe Geldstrafen werden angedroht, wenn man Straßen nicht an Über- bzw. Unterführungen, Ampeln oder Zebrastreifen überquert oder Kaugummis auf die Straße spuckt. Rauchen ist in allen öffentlichen Gebäuden und in einem Fünf-Meter-Abstand zu ihnen ebenso verboten, wie immer dann, wenn mehr als fünf Menschen zusammenstehen (z. B. in Warteschlangen), das Wegschnipsen der Kippe ist auf jeden Fall ein »no go«. Dafür gibt es allerdings auch fast immer und überall Aschenbecher oder Abfalleimer, sodass niemand in Versuchung geraten muss. Wer die Durianfrucht in Taxis, der MRT oder an anderen benannten

Orten mit sich trägt, macht sich ebenso strafbar wie derjenige, der Waffen mit sich führt. Verboten ist es auch, auf Bahnhöfen und in der MRT Speisen oder Getränke zu verzehren oder entflammbare Flüssigkeiten dabeizuhaben, Graffitis zu sprühen, in öffentlichen Toiletten nach der Benutzung nicht die Spülung zu betätigen usw. usw.

KAUGUMMIS NUR GEGEN REZEPT

Lange Zeit gab es ein striktes Kaugummiverbot in Singapur, das auch die Einfuhr unter Strafe stellte, doch dies hat man seit einigen Jahren gelockert, so gibt es nun auch Kaugummis in Apotheken zu kaufen. Aber nur mit Rezept vom Arzt! Dies soll beim Nikotinentzug helfen. Man darf sie auch kauen, aber auf gar keinen Fall einfach ausspucken! Sonst drohen neben 500 S$ Strafe auch noch einige Tage Arbeit bei der Straßenreinigung.

Und das ist ein weiteres Prinzip der Strafen im Staat. Dem Sünder geht es nicht nur an den Geldbeutel, sondern auch an die Person selbst. Neben Freiheitsentzug gibt es als Strafe die Verrichtung öffentlicher Arbeiten sowie die körperliche Züchtigung mit dem Rattanstock und, leider auch noch, die Todesstrafe. Letztere wird vor allem im Bereich von Drogendelikten verhängt. Schon der Besitz/Konsum kleinster Mengen ist mit hohen Strafen besetzt, wird allerdings die Absicht des Drogenhandels unterstellt, und dies ist schon ab dem Besitz von 500 g Cannabis, 13 g Heroin und 30 g Morphium der Fall, muss die Todesstrafe verhängt werden. Und sie wird auch an Menschen aus westlichen Ländern durchgeführt!

Um all diese Strafen umsetzen zu können, bedarf es natürlich der Überwachung. Polizei ist im Alltagsbild vergleichsweise selten zu sehen. Viel eher ist es da dann wohl schon die Überwachung der Menschen gegenseitig, ob sie funktioniert, lässt sich schwer sagen, doch gibt es zumindest in der MRT allenthalben die Aufforderung »any suspicious looking person or unaccompained luggage« (also jede verdächtig aussehende Person oder unbeaufsichtigtes Gepäck) sofort bei den zuständigen Stellen zu melden, doch wird das auch gemacht? Und wer sieht verdächtig aus oder verhält sich so? Kann man dies vielleicht besser mit den Kameras überwachen, die, wie schon oben erwähnt, überall präsent sind? Jeder Ort in Singapur scheint rund um die Uhr von Kameras überwacht zu werden, an Kreuzungen blicken sie in alle Himmelsrichtungen, an Treppenaufgängen ebenso wie in Aufzügen, in großen Geschäften, vor Restaurants, auf Parkplätzen und natürlich auf den Bahnsteigen der MRT und in den Zügen; selbst viele Taxis sind mit CCVT (»closed circuit tele-

vison« – Videoüberwachung) ausgerüstet. Ob es große, deutlich erkennbare Modelle oder kleine, dann auch schwenkbare Kameras in Halbkugeln sind, spielt dabei keine Rolle. Jeder kann so davon ausgehen, permanent beobachtet zu werden. Überall! Auch in den öffentlichen Toiletten? Man mag nicht daran denken, wahrscheinlich doch dort wohl eher nicht?!
Besonders deutlich wird diese Überwachungssituation nicht etwa am Flughafen, wo die Kameras zwar überall vorhanden, aber dennoch zurückhaltend angebracht sind, sondern vielmehr an der Grenze zu Malaysia (Johor Bahru). Hier findet man ganze Batterien von Kameras, die in alle Richtungen blicken, dazu massive Betonzäune mit Stacheldraht sowie schwer bewaffnete Sicherheitskräfte.

ORDNUNG MUSS SEIN!

Nun möchte man als Betrachter dieser Situation die Stirn runzeln, schmunzeln oder gar verschreckt sein und versuchen, nur ja keinen Fehler zu begehen. Aber Hand aufs Herz. Wie häufig kommen wir daheim auf die Idee, in einen Fahrstuhl zu pinkeln (das kostet in Singapur z. B. 1000 S$ Strafe) oder wie oft verschmutzen wir mit unserem Unrat die Straßen? Eigentlich ist das, was man in Singapur beachten muss, für uns ganz normales Verhalten. In Südostasien war und ist es das aber noch lange nicht, wenn man einmal in die Nachbarländer schaut. Aber in Singapur ist eben alles sauber, man könnte sozusagen fast vom Boden des Bahnhofs essen, wenn man es denn dürfte. Auswärts zu essen ist auch noch ein Thema der Überwachung, denn in Singapur möchte man auch verlässliche Hygienestandards. Und während man in Deutschland schon seit längerer Zeit über eine sogenannte Hygieneampel diskutiert, ist dies im Stadtstaat schon lange umgesetzt. So muss sich jedes Restaurant und jedes noch so kleine Food-Outlet prüfen lassen und bekommt ein Zertifikat mit dem Resultat, das deutlich sichtbar ausgehängt werden muss: A bedeutet, dass mindestens 85 % der Standards erfüllt sind, B erhält man, wenn man zwischen 70 und 84 % liegt, ein C, wenn man mindestens 50 % erfüllt und ein D, wenn nur 40 % erfüllt werden. Liegt man darunter, wird der Betrieb geschlossen.
So kann man sich als Besucher Singapurs bei all der Überwachung (oder durch sie) in jedweder Hinsicht recht sicher fühlen. Und sollte man doch einmal etwas Illegales tun, also z. B. eine Straße nicht an der Ampel überqueren und erwischt werden, so wird man als Tourist mit hoher Wahrscheinlichkeit allenfalls ermahnt werden.

NICHT ZU VERGESSEN!

Auch außerhalb des Stadtzentrums gibt es zahlreiche Attraktionen, für die sich ein etwas weiterer Weg lohnt. Schließlich wird der Stadtstaat als »the most surprising tropical island on earth« vermarktet.

Schon seit einigen Jahren wird daran gebastelt, dem bisherigen Image der Stadt als Einkaufsparadies ein zweites hinzuzufügen: Singapur als kulturelles Zentrum Südostasiens. Damit ist allerdings nicht unbedingt Hochgeistiges oder Traditionelles gemeint, sondern eher Freizeitspaß.

BUNT UND MEGA

Immer neue Attraktionen, möglichst bunt und groß, sind der Magnet, der alljährlich Tausende von Touristen anlocken soll. Sind es im Stadtzentrum eher historische oder kulturelle Highligths, die es anzuschauen gilt, so bemüht sich der Stadtstaat außerhalb der eigentlichen City vor allem darum, dem Besucher einen Eindruck in die natürlichen Gegebenheiten der Region zu vermitteln, denn schließlich pflegt man das »grüne« Image seit ein paar Jahren besonders und vor allem effizient, denn laut

◀ Im Jurong Bird Park (▶ S. 111) ist den
Papageien eine eigene Show gewidmet.

Asian Green City Index ist Singapur schon jetzt die grünste Stadt Asiens. Die Sehenswürdigkeiten sind über das ganze Staatsgebiet verteilt, lassen sich aber mit MRT, Bus oder Taxi leicht erreichen. Individuellem Entdecken steht nichts im Wege, sprechen die Singaporeaner doch hervorragend Englisch. Darüber hinaus bieten Airlines, Hotels und lokale Agenturen eine Fülle von Sightseeing-Touren an.

JURONG
SEHENSWERTES
Chinese Garden/Japanese Garden ▶ Klappe vorne, b 3

Vollendete Landschaftsarchitektur zeigt der Chinesische Garten im Inselwesten. Ein Garten mit über 1000 Bonsais ist ebenso Bestandteil der Anlage wie das Live Turtle & Tortoise Museum.

Live Turtle & Tortoise Museum 🚩

In diesem Museum kann man Hunderte von Land-, Wasser- und Sumpfschildkröten aus aller Welt bestaunen und interessante Details aus ihrem Leben erfahren.

1 Chinese Garden Rd. | MRT: Chinese Garden
– Gärten: tgl. 6–23 Uhr | Eintritt Hauptgarten frei, Bonsaisgarten 5 S$, Kinder 3 S$
– Museum: www.turtle-tortoise.com | tgl. 9–18 Uhr | Eintritt 5 S$

Jurong Bird Park ▶ Klappe vorne, b 3

Mehr als 9000 Vögel (etwa 600 Arten) tummeln sich in diesem Vogelpark. Besonders gelungen sind die Freiflughallen für Vögel aus den tropischen Zonen, mit einem mehrere Meter hohen Wasserfall. Den Arten Südostasiens widmet sich die South East Asia Bird Aviary. Im Nachtvogelhaus lauern Eulen und Nachtreiher auf Beute. Greife sind die Stars der Birds of Prey-Show.

Jurong | 2 Jurong Hill | MRT: Boon Lay, dann SBS-Bus 251 oder 194 | www.birdpark.com.sg | tgl. 8.30–18 Uhr | Eintritt 25 S$, Kinder 16 S$

MANDAI/SELETAR
SEHENSWERTES
Zoological Gardens ▶ Klappe vorne, c 2

Im Zoo leben 2800 Tiere in großzügig angelegten Gehegen. Streichelzoo, Elefantenreiten und Fototermine mit Riesenschlangen gehören ebenso zum Programm wie das Frühstück mit dem Orang-Utan. Stundenlanges Entertainment bieten die Affen des »primate kingdom« und die Eisbären im »arktischen« Lebensraum. Besonders spannend ist der Weg durch den »fragile forest«, in dem man viele Tiere erst suchen muss!

Night Safari 9

Schon seit 1994 gibt es neben dem Zoo die Nightsafari, bei der man die Tiere dann erlebt, wenn sie aktiv sind, also abends und nachts. Über 100 Tierarten können hier zu Fuß oder mit der Elektrobahn besucht werden. Hirsche und

Tapire kommen der Bahn auf Streichelentfernung nahe, Elefanten und Rhinozerosse bleiben hinter Gittern.

River Safari 🚩

Bei der neuesten Sehenswürdigkeit für Natur- und Tierliebhaber erlebt man die großen Flüsse der Erde mit ihrer einzigartigen Fauna. In riesigen Aquarien und Terrarien sind u. a. Kongo, Nil und Ganges nachgebaut worden.

80 Mandai Lake Rd. | MRT: Chao Chu Kang, weiter mit Bus 171 bis Mandai Road und Bus 927 bis Mandai Lake Road
– Zoo: www.zoo.com.sg | tgl. 8.30–18 Uhr | Eintritt 28 S$, Kinder 18 S$
– Night Safari: www.nightsafari.com.sg | tgl. 19.30–24 Uhr | Eintritt 39 S$, Kinder 25 S$
– River Safari: www.riversafari.com.sg | tgl. 9–18 Uhr | Eintritt 25 S$, Kinder 8 S$, zuzügl. Amazonas-Safari 5 S$, Kinder 3 S$

MOUNT FABER
SEHENSWERTES

Mount Faber 🔴8 ▶ Klappe vorne, c 4

Im Süden der Insel erhebt sich dieser 106 m hohe Hügel, von dessen Plateau aus man einen herrlichen Blick über City und Hafen genießt. Von hier aus fährt eine original Schweizer Drahtseilbahn auf die vorgelagerte Insel Sentosa.
109 Mount Faber Rd. | www.mountfaber.com.sg | MRT: Harbour Front

ESSEN UND TRINKEN

Spuds & Aprons 🚩 ▶ Klappe vorne, c 4

Maritimes Ambiente – Hier werden köstliche Gerichte aus dem Fernen Osten und den westlichen Küchen serviert. Dazu hat man einen herrlichen Blick über den Mount Faber, Sentosa und das Meer, das abends durch die zahllosen Schiffe vor der Küste und im Hafen malerisch illuminiert ist.
109 Mount Faber Rd. | MRT: Harbour Front und weiter mit Cable Car | www.mountfaber.com.sg | Tel. 62 70 88 55 | So–Mi 11–23, Do bis 0.30, Fr, Sa bis 2 Uhr | €€€

AKTIVITÄTEN

Southern Ridges 🚩 ▶ Klappe vorne, c 4

Auf den Höhen der südlichen Hügel findet man noch heute einen dichten Sekundärwald, den heute zahlreiche Trails durchziehen, auf denen man vor allem die Pflanzenwelt erkunden kann. Auch Tiere lassen sich hier immer mal wieder blicken: in erster Linie Insekten, Vögel und Reptilien. Auf festen Brücken kann man stellenweise hoch in den Baumwipfeln wandern.
Henderson Rd. | MRT: Telok Blangah oder Harbourfront und weiter mit einem der Busse (z. B. 10, 30, 57) zum Sheah Im Food Center | www.nparks.gov.sg

SENTOSA
SEHENSWERTES

Sentosa 🔴10 ▶ Klappe vorne, c/d 5
Detailkarte ▶ S. 113

Freizeitaktivitäten, Sport und Spaß werden auf Sentosa großgeschrieben. Aber die 395 ha große Insel bietet noch mehr. Wanderungen im Dschungel am **Mount Imbiah** sind ebenso möglich wie die Begegnung mit mystischen Drachen auf dem **Dragon Trail** (www.sentosa.com.sg, Link: Sentosa Nature Discovery). Mal führt der Weg über den Kopf eines dieser Fabelwesen, mal durch sein skelettiertes Innerstes. Der **Butterfly Park** (tgl. 9.30–19 Uhr, Eintritt 16 S$, Kinder 10 S$) mit dem

Insect Kingdom beherbergt etwa 2500 Schmetterlinge und zahllose andere Insektenarten. Das **Fort Siloso** (tgl. 10–18 Uhr, Eintritt 12 S$, Kinder 9 S$), das **Museum Pioneers of Singapore** und **Surrender Chamber** (zusammengefasst unter dem Namen »Images of Singapore«, tgl. 9–19 Uhr, Eintritt 10 S$, Kinder 7 S$) wollen an die Anfänge des Stadtstaates sowie die Zeit japanischer Besetzung und die anschließende Kapitulation erinnern.

Mittlerweile hat auch Sentosa seine **Universal Studios** (Eintritt 74–118 S$, Kinder 54–88 S$, je nach Aufenthaltsdauer) mit Märchenschloss, Casino und dem fabelhaften »lake of dreams«, der mit seiner Licht- und Lasershow in eine andere Welt entführt.

Die Anreise erfolgt mit der MRT bis zur Station HarbourFront Centre. Von hier aus geht es dem Sentosa-Express (4 S$) oder zu Fuß über die Brücke zur Insel (1 S$). Alternativ kann man vom Mount Faber mit der Drahtseilbahn zur Insel fahren (Ticket 26 S$, Kinder 15 S$). Auf Sentosa kann man kostenlos alle Buslinien, die Strand-Tram und den Sentosa-Express benutzen.

Sentosa | www.sentosa.com.sg | Eintritt 1 S$, zuzüglich der o. g. Eintrittsgelder

Tauchen mit den Haien im Underwater World Aquarium

Es braucht schon etwas Mut, zu den Haien ins Becken zu steigen. Dort erhält man nach einer Einweisung durch den »dive guide« einen intensiven Einblick in das Leben dieser (oft gefürchteten) Meeresbewohner (▶ S. 14).

MUSEEN UND GALERIEN

Geschichte und Gegenwart werden in Singapur attraktiv dargestellt. Kulturelle Stätten wie das Chinatown Heritage Centre, das Asian Civilisations Museum oder das National Museum faszinieren gewiss auch Museumsmuffel.

In Singapur ist man stets bestrebt, aktuelle Trends zu erkennen und mit entsprechenden Highlights dem Publikum gegenüberzutreten. Nachdem Kritiker der Stadt längere Zeit vorgeworfen hatten, zu wenig Augenmerk auf Kunst und Kultur zu legen, hat sich einiges geändert. Eins der großen Ziele des Stadtstaates ist es seit einigen Jahren, auch kulturell interessierten Besuchern ein attraktives Angebot machen zu können.

KULTUR, NATUR UND TECHNOLOGIE

Zahlreiche Museen und Kunstausstellungen wurden in den letzten Jahren eröffnet oder umfassend und mit modernster Technik renoviert, sodass ein Besuch zu einem echten Erlebnis wird. Hinzu kommen Konzert- und Theaterhallen, z. T. auch Open-Air-Bühnen. Aber nicht nur so versucht der Stadtstaat zu glänzen. Auch die landschaftsgärtnerische Gestaltung

◀ Fotografien im National Museum (▶ S. 116) erzählen die Geschichte Singapurs.

vielerorts ist ein wahrer Genuss. Ständig werden Ausstellungen erweitert und neue Projekte initiiert.
Im Fokus vieler Ausstellungen steht neben dem kulturellen Erbe auch die Natur der Region. Das aktuelle Medien- und Technologiezeitalter findet seinen Platz im Singapore Discovery Centre und im Singapore Science Centre. Aktuelle Informationen gibt es jeweils beim STB oder unter www.yoursingapore.com. Auf der Webseite bekommen Sie unter der Rubrik »What's on« aktuelle Informationen zu Ausstellungen. Die Eintrittspreise liegen in erschwinglichen Höhen, legt man die Preise für »theme parks« als Maßstab zugrunde.

MUSEEN

Art Science Museum F5
Die Architektur dieses neuen Museums, die an eine geöffnete Lotusblüte erinnert, soll Besuchern aus aller Welt ein Willkommen signalisieren. Gezeigt werden Ausstellungen zu historischen und zeitgenössischen Themen.
Marina Bay | 10 Bayfront Ave., Marina Bay Sands | MRT: Bayfront | www.marinabaysands.com | tgl. 10–19 Uhr | Eintritt ausstellungsabhängig

Asian Civilisations Museum E4
Aufgabe des Museums ist es, der Entwicklung und Ausbreitung der asiatischen Kulturen nachzuspüren und die sich oft kreuzenden kulturellen Eigenarten zu entwirren. Im Zentrum steht dabei der Raum Singapur, der seit jeher Einwanderer aus Südostasien, China, Indien und der islamischen Welt angezogen hat. Unterschiedlichste Funde und Ausgrabungsstücke geben Einblick in diese faszinierenden Kulturen. Zu sehen sind Kunstgegenstände, Keramik, Kalligrafien, Textilien und Objekte aus religiösen und rituellen Zusammenhängen. Zahlreiche Wechselausstellungen.
Marina Bay | 1 Empress Pl. | MRT: City Hall, Raffles Place | www.acm.org.sg | Mo 13–19, Di–So 9–19, Fr 9–21 Uhr | Eintritt 8 S$, Kinder 4 S$

Baba House C6
Das Haus, das nur im Rahmen einer Führung besucht werden kann, war das Wohnhaus einer führenden Peranakan Familie. In Zusammenarbeit mit der Universität von Singapur wurde es aufwendig restauriert und in den Originalzustand versetzt. So bieten sich hier besonders eindrucksvolle Einblicke in das Leben im alten Singapur.
Chinatown | 157 Neil Rd. | MRT: Outram Park | 1-stündige Führungen Mo 14, Di 18, Do 10, Sa 11 Uhr, Anmeldung erforderlich | Eintritt 10 S$, Kinder 5 S$

Buddha Tooth Relic Temple and Museum D5
Das Museum bewahrt einen Zahn Buddhas als Heiligtum auf. Die Stupa,

in der sich der Zahn befindet, besteht aus 320 kg Gold. Neben dem hl. Zahn gibt es hier noch das Buddhist Cultural Museum, das Eminent Sangha Museum und eine Bühne für kulturelle Vorführungen.
Chinatown | 288 South Bridge Rd. | MRT: Chinatown | www.btrts.org.sg | tgl. 9–18, Eminent Sangha Museum tgl. 7–19 Uhr | Eintritt frei

Changi Prison Chapel and Museum
▶ Klappe vorne, f 3

Während des Zweiten Weltkrieges befand sich auf dem Gebiet des heutigen Flughafens das Internierungslager für die Kriegsgefangenen der Japaner. Anhand von Zeichnungen, Fotografien und Dioramen will das Museum das Leben dieser gepeinigten Menschen im Lager zeigen. Ein Ausstellungsstück ist z. B. ein Schwellennagel der berüchtigten Burma-Eisenbahn, für deren Bau Tausende von Menschen ihr Leben ließen (Grundlage für den berühmten Film »Die Brücke am Kwai«). Im Mittelpunkt steht die originalgetreue nachgebildete kleine Kapelle, die seinerzeit von den Gefangenen errichtet wurde.
Changi | 1000 Upper Changi Rd. North | MRT: Simei, dann SBS-Bus 5 | www.changimuseum.com | tgl. 9.30–17 Uhr | Eintritt frei

Chinatown Heritage Centre D 5

Für diese Ausstellungsstätte wurde ein großer Block restauriert und mit vielen gestifteten Exponaten zu einem eindrucksvollen Volkskundemuseum umgebaut. Schwerpunkt der sehenswerten Ausstellung ist die Lebenssituation der Kulis.
Chinatown | 48 Pagoda St. | MRT: Chinatown | www.chinatownheritagecentre.sg | tgl. 9–18 Uhr, stündliche Führungen | Eintritt 10 S$, Kinder 6 S$

MINT Museum of Toys E 3

Die ganze Welt des Spielzeugs ist hier dargeboten: Neben Blechfiguren, Teddybären und Puppen gibt es auch Comics und regionale Spielzeuge aus Asien.
Colonial District/Marina Bay | 26 Sheah St. | MRT: City Hall | www.emint.com | tgl. 9.30–18.30 Uhr | Eintritt 15 S$, Kinder 7,50 S$

National Museum of Singapore D 3

Das 1887 eröffnete Gebäude allein ist schon ein architektonisches Glanzstück. Auf verschiedenen Ebenen sind zahlreiche Dokumente und Exponate zur historischen Entwicklung Chinas und Südostasiens ausgestellt. Porzellan, Schmuck, Möbel und Stickereien demonstrieren das Leben der reichen Straits-Chinesen und dessen Wandel im Laufe der Jahrzehnte. Besondere Beachtung verdient der Ausstellungsraum mit 20 Dioramen, die die Entwicklung Singapurs vom Fischerdorf bis zur modernen Metropole in dreidimensionalen Darstellungen zeigen.
Orchard Road | 93 Stamford Rd. | MRT: Dhoby Ghaut, Bras Basah | www.nationalmuseum.sg | History Gallery tgl. 10–18, Living Gallery tgl. 10–20 Uhr | Eintritt 10 S$, Kinder 5 S$

Nei Xue Tang Buddhist Museum D 6

Ein unscheinbares Wohnhaus beherbergt dieses Museum, in dem Buddhafiguren aus der gesamten Region zu sehen sind. Die Figuren sind unterschiedlich groß und aus den verschiedensten Materialien hergestellt. Das hilfsbereite Personal weiß so manche Geschichte darüber zu erzählen.

Chinatown | 235 Cantonment Rd. | MRT: Outram Park | www.neixuetang.org | tgl. 10–17 Uhr | Eintritt 5 S$, Kinder 3 S$

Peranakan Museum E3/4

1912 als Tao Nan Chinese Schule errichtet, gehört das Gebäude mittlerweile zum National Heritage Board und beherbergt jenen Teil des Asian Civilisation Museums, der sich mit den Peranakan beschäftigt. Schon im 14. Jh. siedelten chinesische und indische Händler an den Küsten Malayas und Sumatras. Hier kam es zu einer Durchmischung mit der einheimischen malayischen Bevölkerung. Diese Mischlinge wurden als Peranakan (vom Malayischen »hier geboren«) bezeichnet, wobei Jungen »baba« hießen, Mädchen hingegen »nyonya«. In der Folgezeit zog es diese Menschen immer stärker zu den aufstrebenden Zentren in Penang und Singapur, wo sie massiv die Entwicklung beeinflussten. Dieser Einfluss ist bis heute im Stadtstaat spürbar, sodass es das Hauptanliegen des Museums ist, ihn für nachfolgende Generationen erlebbar zu machen. Zahlreiche Ausstellungsstücke zeigen das (tägliche) Leben und Wirken dieser »Hybrid-Kultur«.

Colonial District/Marina Bay | 39 Armenian St. | MRT: City Hall, Bras Basah | www.peranakanmuseum.sg | tgl. 10–19, Fr bis 21 Uhr | Eintritt 6 S$, Kinder 3 S$

Das wunderschön rekonstruierte Baba House (▶ S. 115) in der Neil Road gibt einen guten Einblick in das Leben einer wohlhabenden Peranakan-Familie Ende des 19. Jh.

Red Dot Design Museum 🔖 D5

Im roten Backsteingebäude stehen alle Exponate, darunter Sitzmöbel, Fahrzeuge und Haushaltswaren, unter dem Stichwort »Design«, gleichgültig aus welchem Teil der Welt sie kommen.
Chinatown | 28 Maxwell Rd. | MRT: Tanjong Pagar | www.museum.red-dot.sg | Mo, Di, Fr 11–18, Sa, So bis 20 Uhr | Eintritt 8 S$, Kinder 4 S$

Singapore Art Museum 🔖 D/E3

1996 eröffnete das Kunstmuseum im komplett renovierten Gebäude der ehemaligen St. Joseph's Institution, einer früheren katholischen Jungenschule. In dem altehrwürdigen Gebäude finden nun neben einer ständigen Ausstellung von bis zu 3000 Exponaten wechselnde themenbezogene Ausstellungen statt. Der Schwerpunkt liegt bei regionaler Kunst des 20. Jh. Neben den insgesamt 13 Sälen gibt es eine Bibliothek, ein Café, zwei kleine Gartenanlagen mit Springbrunnen sowie einen Museumsshop.
Colonial District/Marina Bay | 71 Bras Basah Rd./Ecke Queen St. | MRT: City Hall, Dhoby Ghaut | www.singart.com | tgl. 10–19, Fr 10–21, Fr ab 18 Uhr | Eintritt 10 S$, Kinder 5 S$

> **Singapore Art Museum – Kunst gibt's freitags gratis** 9
>
> In diesem Museum finden Kunstliebhaber mehr als 5000 Exponate zeitgenössischer Künstler aus der Region. In diesen Genuss kommt man freitagabends sogar gratis (▶ S. 15).

Im alten Gemäuer einer Knabenschule zeigt das Singapore Art Museum (▶ S. 118), kurz SAM genannt, zeitgenössische Kunst und Pop Art aus dem Raum Südostasien.

Museen und Galerien | 119

Singapore Coins and Notes Museum 🏷️ C 3
Das Goldmünzenmuseum weiht Sie in die Geheimnisse der Münz- und Medaillenherstellung ein. Eine Münzsammlung zeigt zudem Stücke aus aller Welt. Hier können Sie auch Ihre eigene Münze prägen!
Chinatown | 40 Pagoda St. | MRT: Chinatown | www.singaporecoinsandnotesmuseum.com | tgl. 10–20 Uhr | Eintritt 10 S$, Kinder 6 S$

Singapore Discovery Centre 🚹
▶ Klappe vorne, a 3
Herzstück des Museums ist eine 9 m hohe Kartencollage aus über 2500 Fotos, die Singapurs Einwohner in (fast) allen Lebenslagen zeigen. Zahlreiche computergestützte Simulatoren laden zum Spielen ein. Zum Museum gehört auch das Army Museum.
Jurong | 510 Upper Jurong Rd. | MRT: Joon Koon und 10 Min. Fußweg | www.sdc.com.sg | Di–So 9–18 Uhr | Eintritt 10 S$, Kinder 6 S$, Aufpreis für das Army Museum

Singapore Philatelic Museum 🏷️ D 4
Frisch renoviert erstrahlt die Fassade des Gebäudes, das um die Jahrhundertwende errichtet wurde. Im Inneren führen die Vitrinen der Ausstellung durch die Welt der seltenen und/oder kostbaren Briefmarken aller Erdteile. Darüber hinaus wird Hintergrundwissen zur künstlerischen Gestaltung der Marken und der jeweiligen Kultur vermittelt.
Colonial District/Marina Bay | 23B Coleman St. | MRT: City Hall | www.spm.org.sg | Di–So 9.30–19, Mo 13–19 Uhr | Eintritt 6 S$, Kinder 4 S$

Singapore Science Centre
▶ Klappe vorne, b 3
Mit mehr als 850 interaktiven Ausstellungsobjekten werden angehenden Wissenschaftlern, Tüftlern und Wissbegierigen die Wunder der Wissenschaft vor Augen geführt. Im Kinetic Garden, Asiens erstem Wissenschaftsgarten unter freiem Himmel, vereinen sich Kunst und Wissenschaft. In einer reizvollen Parkanlage mit Teichen, Fontänen und Wasserfällen kann man 35 interaktive Skulpturen, Exponate und Ansichtstafeln entdecken. Eine weitere Attraktion ist das Omni-Theatre. Auf einer riesigen Leinwand mit modernem Soundsystem werden Filme gezeigt, die informativ und spannend zugleich sind.
Jurong | 15 Science Centre Rd. | MRT: Jurong East, dann SBS-Bus 66 oder 335 | www.science.edu.sg | Di–So 10–18 Uhr | Eintritt 12 S$, Kinder 8 S$

GALERIEN

Art Retreat Gallery & Museum
▶ Klappe vorne, d 3
In dieser privaten Galerie widmet sich eine Dauerausstellung den Werken des bekannten zeitgenössischen Malers Wu Guanzhong (1919–2010) aus China.
Katong | 10 Ubi Crescent, 01–45/47 Ubi Techpark, Lobby C | MRT: Macpherson, dann SBS 63, Paya Lebar | www.artretreatmuseum.com | Di–Sa 11–18 Uhr

Opera Gallery 🏷️ B 2/3
Ständig wechselnde Ausstellungen bekannter und unbekannter Künstler machen den Besuch lohnenswert.
Orchard Road | 2 Orchard Turn | 03–05 ION Orchard | MRT: Orchard | www.operagallery.com

HISTORISCHE ENTDECKUNGEN IN DER MEGA-CITY

Ein idealer Spaziergang führt von den modernen Bauten an der Flaniermeile Orchard Road über sich wandelnde Bezirke zum aktuellen Zentrum rund um die Marina Bay. Auf dem Weg liegen zahlreiche historische Stätten und architektonische Highlights aus Vergangenheit und Gegenwart. An einigen Stellen gelingt sogar ein Blick in die Zukunft. Immer wieder bleibt unterwegs Zeit für eine kurze Ruhepause, einen Leckerbissen oder einen Drink.

◄ Geniale Konstruktion: Die Helix Bridge (▶ S. 126) überspannt die Marina Bay.

START MRT Station Dhoby Ghaut
ENDE Empress Place/Asian Civilisations Museum
LÄNGE Ca. 7 Kilometer

Ausgangspunkt unseres Spazierganges ist die MRT-Station Dhoby Ghaut am südlichen Ende der Orchard Road. Sie liegt mitten zwischen der lebhaft befahrenen Penang Road und der mehrspurigen Orchard Road. Durch einen Tunnel gelangen Sie von der MRT Station zur östlichen Seite der Orchard Road, zum **Plaza Singapura**.

Zentrum der Staatsmacht

Unmittelbar links von der riesigen Mall stehen nicht minder riesige Tropenbäume mit weit ausladenden Kronen. Sie bilden den Eingang zum streng bewachten **Palast des Ministerpräsidenten,** der in dem Park hinter dem hohen Zaun steht. Nach diesem kurzen Blick auf einen Teil des Zentrums singaporeanischer Macht gehen wir vorbei am Plaza Singapura nach Süden durch die Mall **The Atrium@Orchard,** die aus viel Glas und Metall sehr modern erbaut wurde. Doch schon am Ausgang der Mall kann man wieder das Grün der Bäume sehen, gerade einmal zwei schmale Querstraßen gilt es zu überqueren. Links sehen Sie die neue **School of The Arts**, eine Kunsthochschule, auf deren Treppenstufen fast immer irgendetwas passiert: Studenten nutzen sie als Ausstellungsraum, posten hier Gedanken zu Singapur und dem Rest der Welt oder treffen sich auf einen Kaffee in der Tropensonne.

Hinein ins alte Singapur

Auf der gegenüberliegenden Straßenseite ragt das zwar moderne, aber im Kolonialstil erbaute **Rendezvous Grand Hotel** auf. Wir schlendern an der Fassade entlang die Bras Basah Road weiter bis zur nächsten Kreuzung. Hier mündet die Bencoolen Street ein, wir folgen ihr nach links. Einst war dies das heimliche Zentrum der Travellerszene Singapurs. Einfache Chinesenhotels reihten sich aneinander, in Privathäusern wurden Zimmer vermietet, und in stickigen Schlafsälen nächtigten Menschen aus allen Teilen der Erde gemeinsam. Im modernen Singapur ist dafür schon seit etlichen Jahren kein Platz mehr. Zwar gibt es hier immer noch preiswerte Hotels, doch selbst die sind selbstverständlich mit Klimaanlagen und Badezimmern versehen. Wir bleiben auf der Bencoolen Street über die Middle Road hinaus. Unmittelbar hinter der Kreuzung gibt es linkerhand noch ein Relikt der alten Zeit: das kleine **Al Jilani Restaurant**, wo man auch »roti prata« anbietet, die leckeren und sehr preiswerten Brotfladen, die mit einem dickflüssigen Curry zusammen gegessen werden. Man sitzt unter Markisen an den Tischen auf dem Gehsteig und kann bei einem gesüßten Kaffee und/oder »prata« das Treiben rundherum auf sich wirken lassen. Der Imbiss macht keinen vertrauenserweckenden Eindruck? Schauen Sie einmal zur Mittagszeit vorbei, dann bekommen Sie garantiert keinen Platz mehr. Ein sicheres Zeichen für Qualität.

Gestärkt oder nicht, folgen wir der Bencoolen Street und überqueren sie auf Höhe der Albert Street, auf der wir nach Süden weitergehen. Schnell weicht die befahrbare Straße einer Fußgängerzone. Rechts und links wird an **Marktständen** allerlei Frisches, Buntes oder auch Textilien verkauft. Schon von hier aus sieht man den Eingang zu einer Art Markthalle unmittelbar voraus auf der gegenüberliegenden Straßenseite der Queen Street: **Bugis Village**. Einst lag hier das berühmtberüchtigte Rotlichtviertel, doch auch hier hat die Sanierung Wunder gewirkt. Ein bunter Touristenmarkt hat den Platz von allerlei Zwielichtigem übernommen, nur noch der ein oder andere Sex-Shop und anzügliche Bemerkungen auf T-Shirts erinnern an das einstige Flair. Werfen Sie sich ins Getümmel und stöbern Sie auf dem »Hauptweg« und in den Seitengassen. Irgendwann sind Sie dann am gegenüberliegenden Ausgang, an der Ecke Victoria Street. Wir wenden uns nach rechts. Noch ein Blick in eine moderne Mall? Gegenüber bietet die **Bugis Junction Mall** alle Waren dieser Welt. Sonst geht es zurück nach Westen bis zur Kreuzung Middle Road. Hier überqueren wir die Victoria Street und bleiben auf der Middle Road. Direkt an dieser Kreuzung steht das futuristische Gebäude der **National Library** mit seinen bewachsenen Balkonen. Ein Blick hinein lohnt, wenn man an der Stadtentwicklung interessiert ist.

Koloniales Erbe

An der nächsten Querstraße biegen wir rechts auf die North Bridge Road ein. Immer wieder kann man jetzt schon einen Blick auf den gigantischen Bau am Ende der Straße erhaschen, das über 70 Stockwerke hohe Swissôtel.

Doch zuvor lockt die Pracht des alten Singapur. An der Kreuzung Shea Street überqueren wir die North Bridge Road. Von hier aus sind es nur noch wenige Schritte, und wir befinden uns auf der Rückseite des **Raffles Hotels** ⭐, der Grand Old Lady Singapurs. Hier betreten wir das Hotel oder besser den Garten und orientieren uns unter den Arkaden sofort nach rechts. Wir flanieren vorbei an der Gartenbar, an exklusiven Boutiquen und dem Museumsshop.

Wiege des Singapore Sling

Folgen Sie dem Weg, führt er Sie unweigerlich zum Haupteingang, zuvor aber vorbei an der **Long Bar**, jenem Ort, in der der Singapore Sling erfunden worden sein soll. Und natürlich vorbei am Billardsaal, in dem angeblich der letzte Tiger Singapurs, versteckt unter dem Billardtisch, erlegt worden sein soll. Gleichgültig ob die Geschichten stimmen, exotisch sind sie allemal und ganz besonders im Ambiente der feuchtwarmen Tropenluft.

Und dann der Haupteingang! Leise knirscht der stets sorgsam geharkte Kies in der Vorfahrt zum Hotel, ein Page in indischem Outfit mit Turban öffnet galant die Türen von Bentley, Rolls-Royce oder Maybach.

Für die Fotos stellt man sich am besten unter die blühenden Frangipani-Bäume an der rechten Seite der Auffahrt, dann hat man auch die »traveller's trees« gut mit im Bild. Der »Baum des Reisenden« ist eine Art Bananenstaude, die mit zunehmendem Alter sehr markante, fächerartige Blätter entwickelt. Seinen Namen verdankt er der Tatsache, dass er am Stamm bis zu 1l Wasser sammeln kann, sodass sich der Reisende im Notfall hier mit Wasser versorgen konnte.

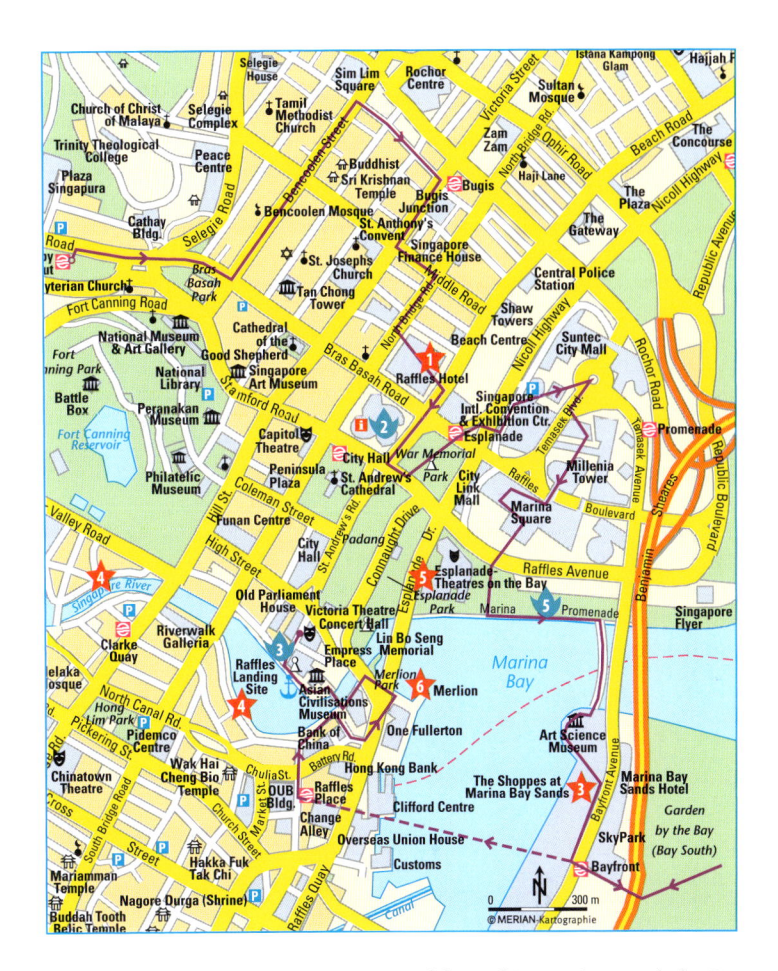

Wir wenden uns nach rechts. Gegenüber ragt ein Koloss ähnlich einer riesigen Säule auf: das **Swissôtel The Stamford**. Neben dem Hotel gibt es im Inneren eine große Shoppingmall, das Raffles City, und einen unterirdischen Verbindungsgang zum Esplanade bzw. Marina-Bereich. Ein Blick von oben auf die Stadt? Dann bietet sich die Gelegenheit von der **New Asia Bar** im 71. Stock aus.

Sonst gehen wir am Hotel vorbei weiter nach Westen. Auf der gegenüberliegenden Seite der Stamford Road steht die hübsche kleine **St. Andrew's Cathedral**, zu der die Bauarbeiten im Jahre 1828 starteten. Das erste Bauwerk war aber rasch durch Unwetter stark beschädigt, sodass man 1856 mit einem Neubau begann, der 1861 fertiggestellt wurde. Nach dem Blick auf das Gotteshaus wenden wir uns nach links, überqueren die North Bridge und stehen auf einer großen Fläche, die rechterhand den **Padang** formt. Zur Kolonialzeit war er Zentrum des sozialen Lebens der Europäer und diente für Sportveranstaltungen.

Schnee auf dem Padang

Im Krieg nutzten die Japaner das Areal zum Aufmarsch ihrer Gefangenen. Die schlimmen Erfahrungen des Krieges führten zu der Sage, die Stadt würde nicht eher befreit, als bis auf dem Padang Schnee fiele. Und tatsächlich soll in der Nacht vor dem Sieg der Alliierten ein Hagelschauer den Platz mit einer weißen Schicht bedeckt haben.

Zur Linken liegt eine Rasen- und Granitfläche, aus der sich vier identische weiße Steinsäulen 70 m hoch erheben. Inoffiziell nennt man sie gern etwas despektierlich »chopsticks« (Essstäbchen), weil sie sich so gerade gen Himmel recken, offiziell handelt es sich hierbei um das **Civilian War Memorial**. Es erinnert an die im Krieg von den Japanern getöteten Zivilisten, jede Säule repräsentiert eine der ethnischen Gruppen Singapurs: Chinesen, Malaien, Inder und Eurasier. Während der Besatzungszeit mussten den Japanern alle chinesischen Männer zwischen 18 und 50 Jahren bekanntgegeben werden, um sogenannte anti-japanische Elemente zu erkennen und vernichten zu können. Laut japanischen Angaben wurden 6000 Chinesen getötet, die Behörden Singapurs sprechen da-

St. Andrew's Cathedral (▶ S. 82, 123), im neugotischen Stil erbaut, ist Singapurs größtes anglikanisches Gotteshaus. Ein Kleinod: die Buntglasfenster in der Apsis.

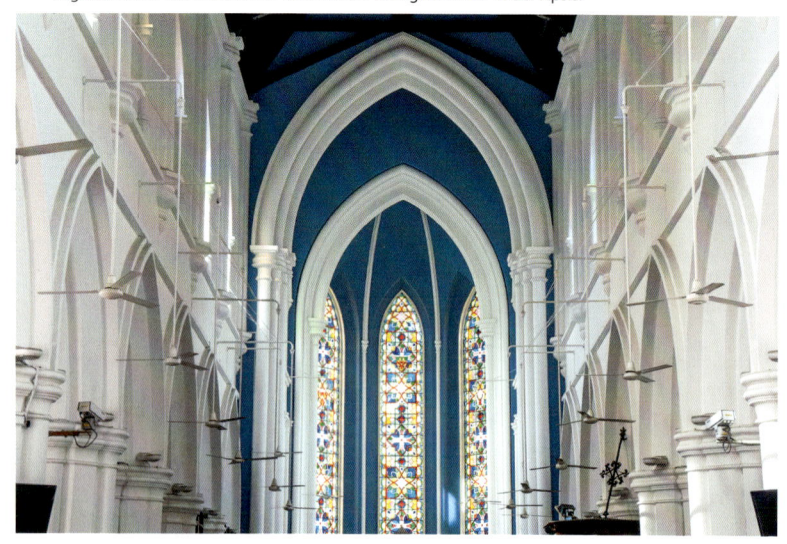

gegen von 25 000 bis 50 000 Toten. 1962 konnten an verschiedenen Orten Singapurs Überreste der getöteten Zivilbevölkerung exhumiert werden, 1966 begann man mit dem Bau des Denkmals zu ihren Ehren. Jedes Jahr am 15. Februar (Tag der japanischen Kapitulation) werden hier Kränze niedergelegt.

Das moderne Singapur

Nach dem Blick auf die Säulen gehen Sie einfach diagonal weiter zur Kreuzung Nicoll Highway/Bras Basah Road. Überqueren Sie die Bras Basah Road, an der Ampel dann auch sofort den Nicoll Highway nach Süden. Sie stehen nun am **Suntec City Center**, einer riesigen Mall, in der zugleich ein Convention & Exhibition Centre untergebracht ist. Halten Sie sich links und gehen Sie am Gebäude entlang bis zum eigentlichen Eingang. Eine Rolltreppe bringt Sie in die erste Etage, auf der Sie dann das Bauwerk in südlicher Richtung durchqueren.

Ihnen fehlt im Gebäude die Orientierung? Kein Problem, Hinweisschilder führen Sie zu unserem nächsten Stopp, der **Fountain of Wealth**. Zunächst kommen wir zur **Suntec City Mall**, von hier über Rolltreppen ins Basement. Folgen Sie auch hier den Hinweisen, und schon nach wenigen Metern haben Sie den riesigen Innenhof erreicht, in dessen Mitte (hinter Glas) sich der große **Springbrunnen** befindet. Die Fontänen selbst sind nicht immer eingeschaltet. Solange sie kein Wasser versprühen, können Sie durch eine der Türen zum Mittelpunkt vordringen, den kleinen Brunnen umrunden und dank dieses Rituals auf Reichtum hoffen. Über eine von mehreren Treppen gelangen wir zur Straßenebene hinauf. Oben angekommen, halten Sie sich in Richtung **Conrad Centennial Hotel**. Gehen Sie unbedingt um das Hotel herum, wenn Sie an Nobelschlitten interessiert sind. Täglich geben sich hier Ferrari, Lamborghini & Co. ein Stelldichein.

Gegenüber dem Seiteneingang des Conrad Hotels befindet sich zwischen Restaurants eine unscheinbare Glastür, gehen Sie hindurch und fahren Sie mit der Rolltreppe in den ersten Stock. Hunger oder Durst, dann wenden Sie sich nach links zum »food court«. Brauchen Sie Kleingeld? Ein »money changer« hat hier seine Wechselstube. Sonst verlassen Sie das Gebäude durch die Glastür vis-à-vis der Rolltreppe und wenden Sie sich nach rechts. Ein überdachter Weg führt Sie, vorbei an den gläsernen Außenaufzügen des Pan Pacific Hotels zur **Marina Square Shoppingmall**. Wir gehen geradeaus durch diese Mall hindurch und kommen so zu einem großen Innenhof. Hier biegen wir rechts ab und folgen der Ladengalerie weiter, bis links ein Starbucks auftaucht. Hier links abbiegen und hinaus aus der klimatisierten Mall. Biegen Sie nun sofort erneut links ab, nach etwa 40 m geht es dann nach rechts. Der Weg führt in Richtung Marina Bay. Über eine breite Treppe erreichen wir die Straße. Je nachdem, wann Sie unterwegs sind, können Sie hier schon/noch die metallenen Leitplanken und Lichtmasten der Formel-1-Strecke sehen. Wir überqueren an der Ampel die **Raffles Avenue**, auf der ein Teil des Rennens gefahren wird und betreten gegenüber die **Esplanade Mall**. Geradeaus hindurch sind es nur wenige Schritte bis zum Ausgang. Zwischen Kneipen und Restaurants hindurch gelangen wir zum **River**, ungefähr auf Höhe des Esplanade Outdoor Theatre. An Wochenenden finden hier abends Konzerte junger Bands statt. Rechts hinter Ihnen befindet sich ein Wahrzeichen aus neuerer Zeit, die **Esplanade**. Jene Konzerthalle, die, aus der Luft betrachtet, zwei riesigen Insektenaugen gleicht, da ihre äußere Hülle von unzähligen Aluminium-Schilden besetzt ist, die die Sonneneinstrahlung ins Gebäude regulieren und sich automatisch nach dem Sonnenstand ausrichten. Vor der Halle ist die moderne Wasserlandschaft ein Hingucker.

Die neue Insel

Wir wenden uns am River jetzt aber nach links und folgen dem Wasser in Richtung auf die gegenüberliegende neue »Insel«, auf der sich die Türme des Marina Bay Sands erheben. Vorbei an der **The Float@Marina Bay** geht es dann nach rechts über **The Helix**, die die Marina Bay als Fußgängerbrücke überspannt. Immer wieder hat man kleine Ausbuchtungen eingebaut, sodass Touristen den Blick auf die Bay genießen und Fotos schießen können. Am gegenüberliegenden Ufer gehen Sie auf Höhe des Arts Science Museum nun links in die neue **The Shoppes at Marina Bay Mall**, wenden Sie sich nach rechts und an der nächsten Abbiegung nach links. In der Ebene unter Ihnen fahren Sampane auf den Kanälen in der Mall, Massen von Menschen shoppen hier in exklusivsten Läden. Möglicherweise haben sie alle in dem **Casino**, das sich hier befindet, richtig Geld gewonnen. Sie verlassen die Mall und stehen den drei Türmen des gigantischen **Marina Bay Sands Hotel** gegenüber. Auf dem Dach lädt der **SkyPark** zu einer Erfrischung ein. Zum teuren Drink gibt es gratis einen Blick über Singapur (nach Norden) bzw. zu den ersten indonesischen Inseln (nach Süden) dazu. Nach Süden blicken Sie aber auch auf den neuen botanischen Garten, den **Gardens by the Bay**. Den erreichen wir hier über eine Brücke. In diesem neuen Highlight gartenarchitektonischer Kunst kann man kostenlos lustwandeln, nur wenn Sie eine der Hallen besuchen möchten (und das lohnt sich wirklich) oder die »supertrees« besteigen möchten, müssen Sie zuvor ein Ticket kaufen.

Gehen Sie nun zurück zur MRT-Station Bayfront und nehmen die Bahn in Richtung Raffles Place. Dort verlassen Sie die unterirdische Station in Richtung Boat Quay. Hier sind Sie wieder am Fluss. Das tagsüber quirlige **Bankenviertel** schließt sich im Südwesten an. Ist man am späten Nachmittag oder Abend unterwegs, lohnt der Spaziergang am **Boat Quay** mit seinen Restaurants, Bars und Jazzlokalen.

Wir gehen am Fluss aber nach rechts bis zur **Cavenagh Bridge**. Die Brücke wurde 1869 in Schottland vorgefertigt, bevor sie hier den Fluss überbrücken konnte, nicht ohne den Protest der Bevölkerung hervorzurufen, die bisher den Fluss mit Booten überquert hatte und fürchtete, die Brücke mit beladenen Booten nicht mehr unterqueren zu können. Jenseits der Straße steht das historische Gebäude (1928) des **General Post Office**, das umfassend modernisiert wurde, sodass nur die Fassade

Das 67 m hohe Civilian War Memorial (▶ S. 78, 124) ist ein Mahnmal für die während der japanischen Besatzungszeit im Zweiten Weltkrieg getöteten Zivilisten.

geblieben ist, der Kern aber heute das luxuriöse **Fullerton Hotel** beherbergt.

Wahrzeichen Singapurs

Am Fullerton Hotel vorbei geht es über den Esplanade Drive, und schon stehen Sie oberhalb des **Merlion** ⭐, jenem Fabelwesen aus Löwe und Fisch, das von hier Wasser in die Bay spuckt. Gehen Sie die Treppe hinunter und biegen Sie unten nach links ab. So unterqueren Sie den Esplanade Drive und gelangen um das Fullerton Hotel herum zur Cavenagh Bridge, die wir nun überqueren. Hier stehen Sie an der **Sir Stamford Raffles Landing Site**, linkerhand ist dieser bedeutenden Person der singaporeanischen Geschichte ein **Denkmal** gewidmet. Das große Gebäude rechts vor Ihnen ist das Empress Place Building, in dem das **Asian Civilisations Museum** untergebracht ist. Schräg dahinter steht das altehrwürdige **Victoria Theatre**, und nur wenige Schritte weiter befindet sich die **City Hall**, das Gebäude, in dem Admiral Lord Louis Mountbatten am 12. September 1945 die japanische Kapitulation durch General Seishiro Itagaki entgegennahm. Das benachbarte Gebäude des **Supreme Court** (Oberster Gerichtshof) stammt von 1939. Früher war der Gerichtshof im wenige hundert Meter entfernten Parliament House untergebracht. Seit 1965 ist es Sitz des Parlaments. Im Garten des Gebäudes steht ein **Bronze-Elefant**, der der Stadt 1871 von König Chulalongkorn von Siam geschenkt wurde.

Hier endet der Spaziergang. Nehmen Sie hier ein Taxi oder die MRT ab Raffles Place, Clarke Quay oder City Hall.

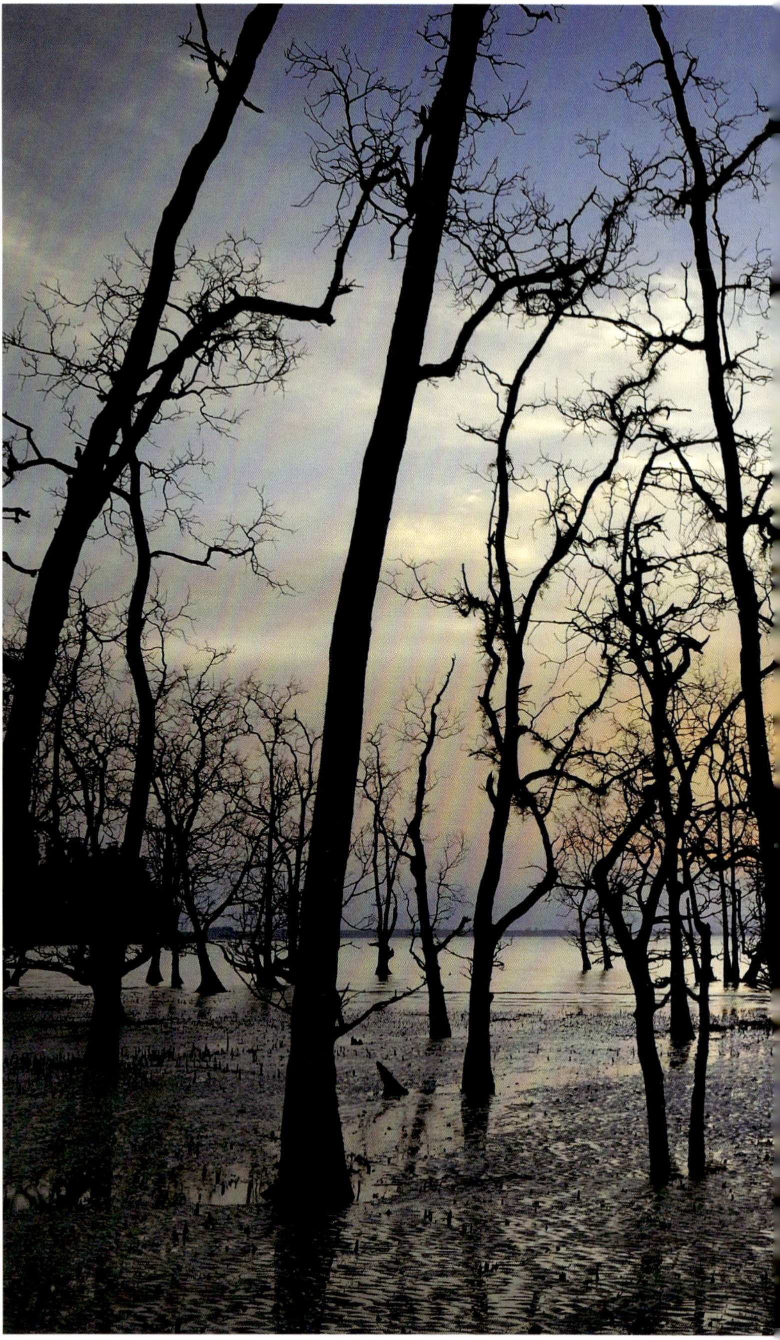

… LAND
ERKUNDEN

Noch wenig erschlossen: die Küsten Sarawaks (▶ S. 134) auf der Insel Borneo.

KUSU, ST. JOHN'S ISLAND UND PULAU UBIN – SINGAPURS INSELN

CHARAKTERISTIK: Ein erholsamer und interessanter Tagesausflug zu Singapurs vorgelagerten Inseln **ANFAHRT:** Vom Marina South Pier (MRT: Marina Bay, Exit A, dann weiter mit SBS 402) aus fahren mehrfach täglich Fähren. Tickets kosten 18 S$, zu bestellen unter Tel. 62714866; **ANFAHRT NACH PULAU UBIN:** MRT bis Tanah Merah, dann SBS bis Changi Interchange, von hier aus mit dem »bumboat« zur Insel, 2,50 S$ **DAUER:** Tagesausflug **EINKEHRTIPP:** Eine kleine Cafeteria (Tel. 6534 9339, €) versorgt die Gäste auf St. John's Island mit dem Notwendigsten **AUSKUNFT:** www.islandcruise.com.sg, www.pulauubin.com.sg, www.nparks.gov.sg
KARTE: Klappe vorne, d 5 und e/f 1/2

Raus aus der Stadt? Kein Problem, zu Singapur gehören etliche Inseln, die besonders an Wochenenden Hunderte Besucher anlocken. Einige Kilometer südlich vor der Küste Singapurs liegen die drei Inseln Kusu (Pulau Tembakul), St. John's (Pulau Sakijang Bendera) und Lazarus Island (Pulau Sakijang Pelepah). Besonders Kusu, St. John's und Pulau Ubin sind einen Ausflug wert.

Kusu ▶ John's Island

Kusu ist alljährlich Ziel einer Wallfahrt taoistischer und moslemischer Pilger, die den Göttern für die Entstehung der Insel danken. Der Sage nach soll an dieser Stelle des Meeres eine große, alte und gütige Schildkröte gelebt haben, die immer dann auftauchte, wenn ein Schiff in diesen Gewässern in Seenot geriet. Ihr riesiger Panzer diente den Schiffbrüchigen als Halt, um sicher ans rettende Ufer zu gelangen. Schließlich wurde die alte Schildkröte dieser Rettungsaktionen überdrüssig und verwandelte sich stattdessen in eine Insel – Kusu, deren buckliger Querschnitt entfernt an den Panzer einer Schildkröte erinnert. Auf der Insel können Sie den taoistischen **Tua Pekong Temple** besichtigen, der das Ziel der Wallfahrt im neunten Monat des Mondkalenders (zwischen September und Anfang November) ist.

Ansonsten bietet die Insel ausgedehnte **Strände**, an denen Sie sich im Schatten von Kasuarinen und Kokospalmen von Hektik und Großstadtstress erholen können. Eine abgegrenzte Schwimmlagune ermöglicht ein ungefährliches Bad im Südchinesischen Meer.

John's Island ▶ Pulau Ubin

Benachbart liegt **St. John's Island**, eine Insel, die größer, hügeliger und im Inneren zum Teil noch bewaldet ist. Singaporeaner verbringen hier ihre freien Tage und Wochenenden mit Fußballspielen, Picknicks auf den weiten Grasflächen und Wanderungen auf schattigen Wegen. Erkunden Sie die Natur der Insel, erfreuen Sie sich an der bunten Vogel- und Insektenwelt oder nutzen Sie den Besuch dieser Insel zum Bad in geschützten Lagunen. Schnorcheln lohnt hier allerdings weniger, da die Gewässer durch starken Schiffsverkehr zu sehr beeinträchtigt werden.

Ein weiteres Ausflugsziel, das Singapur zeigt, wie es einmal war, ist **Pulau Ubin**. Auf dieser Insel, im Nordosten zwischen Singapure und Malaysia gelegen, bestimmen noch typisch malaiische Fischerhütten, die teilweise auf Pfählen über dem Wasser gebaut stehen, das »Stadtbild«. Schon unterwegs sieht man noch die »kelongs«, Fischfangplattformen, von denen große Netze ins Wasser hängen. Fischfang ist noch heute die Haupteinnahmequelle auf der Insel, hinzu kommen Krabben- und Entenfarmen. Bei einer Tour mit dem Mietrad oder zu Fuß kann man die Idylle der Insel am besten erleben. Besonders sehenswert ist das Schutzgebiet **Check Jawa** auf Ubin, denn hier gibt es auf engstem Raum Mangroven, Watt und Grasland, also jene Vegetation, die Singapur einst ausmachte. Und die kann man hier ganz gemütlich vom Plankenweg aus erkunden. Die bisherige Einsamkeit der Inseln wird in den nächsten Jahren vermutlich einer eher touristischen Entwicklung weichen müssen. Ehrgeizige Projekte sehen die Erschließung einiger Inseln mit Hotels vor, ihre Verbindung mit Brücken und die Gewinnung von weiteren Stränden, denn Singapur ist nicht mehr nur Stadtreisezicl oder Businesszentrum, sondern wandelt sein Image auch allmählich zur Freizeit- und Badeoase. Allerdings gilt dies nicht für alle Inseln und auch nur für eine eingeschränkte Gruppe von Urlaubern, denn man wünscht sich hier vor allem Ruhe und Erholung.

Der taoistische Tua Pekong Temple (▶ S. 130) auf der Insel Kusu ist alljährlich das Ziel vieler Pilger, die mit ihrer Wallfahrt dem Gott des Wohlstands huldigen.

ptember
AUSFLUG NACH JOHOR BAHRU – NACHBARLAND MALAYSIA

CHARAKTERISTIK: Tagesausflug mit dem Pkw in den Nachbarstaat Malaysia **ANREISE:** Mit Taxi oder Mietwagen direkt ab dem Hotel. Mit SBS-Bus ab der Busstation Queen Street, Ecke Arab Street. Entweder mit dem Linienbus 170 (2,20 S$), der an zahlreichen Haltestellen hält (man kann diesen Bus auch an der Bukit Timah Road besteigen), oder mit dem klimatisierten, direkten Johor Express (4 S$) **DAUER:** Tagesausflug **EINKEHRTIPP:** Auf dem Nachtmarkt zwischen Jln. Steysen und Jl. Siu Chim gibt es authentisch malaiische Gerichte **AUSKUNFT:** Büro des MTPB an der Grenze
KARTE: Klappe vorne, b/c 1 und S. 133

Nur wenige Hundert Meter von Singapur entfernt zeigt sich Asien von einer ganz anderen Seite, im malaiischen Johor Bahru. Seit etwa 1865 ist die Hafenstadt Sitz des **Sultans von Johor**. Schon Mitte des 16. Jh. wurde das Sultanat gegründet, das von Malacca bis nach Singapur reichte. Heute versucht die Regierung, Johor Bahru zu einem Handels- und Wirtschaftszentrum auszubauen, um mit Singapur wetteifern zu können.

Schon die Anreise ist ein Erlebnis, gilt es doch, Verschiedenes zu beachten. Die übliche Anreise erfolgt mit dem Linienbus. An der Grenze verlassen alle Passagiere das Fahrzeug, hasten zum klimatisierten Immigrationsposten, bekommen den Ausreisestempel für Singapur und warten auf den nächsten Bus. Über den 1056 m langen **Causeway**, die 1924 fertiggestellte Brücke zwischen diesen beiden Staaten, die immerhin 21 m breit und mehrspurig befahrbar ist, geht es dann im dichten Verkehr in Richtung malaysische **Grenze**. Bei extrem dichtem Verkehr lässt Sie der Fahrer aber sicherlich eher aussteigen, zur Grenze geht's dann zu Fuß. An der Grenze muss manchmal eine neue Einreisekarte ausgefüllt werden, man erhält den Einreisestempel, dann geht's zum Zoll und weiter zum Bus. Lassen Sie sich nicht von den Geldwechslern zum Tausch überreden, direkt an der Grenze gibt es nur schlechte Kurse!

Larkin ▶ Jalan Wong ah Fook
Der Bus bringt Sie bis zum zentralen Busbahnhof **Larkin**, außerhalb der Stadt. Entweder gehen Sie von der Grenze aus zu Fuß los, nehmen von hier aus ein Taxi oder ab dem Busbahnhof. Beginnen Sie Ihren Rundgang am alles überragenden viereckigen Turm des **Bangunan Sultan Ibrahim**, in dessen gewaltigen Mauern heute Regierungsbüros untergebracht sind. Geld wechseln, einkaufen oder etwas essen und trinken können Sie auf der gegenüberliegenden Straßenseite in der **Kotaraya**-Mall.

Die **Jalan Abdullah Ibrahim** führt in südlicher Richtung zum Meer. Immer mit Blick auf Singapur folgen Sie dem Park am Meer stadtauswärts. Nach einigen Hundert Metern steht in der Jalan Tun Dr. Ismail rechts auf dem Hügel die **Istana Besar**, der alte Sultanspalast aus dem Jahre 1866. Sultan Abu Bakar (unverkennbar inspiriert von viktorianischen Einflüssen) ließ hier Juwelen, Kunstwerke und Trophäen unterbringen. Die eindrucksvolle Sammlung ist im **Sultan Abu Bakar-Museum** im Palast zu besichtigen. Sehr interessant ist die **Kris-Sammlung** (tgl. außer Fr 9–17 Uhr, Eintritt 15 M$); Krise sind jene typisch malaiischen Dolche, die mit kunstvoll verzierter und wellenförmiger Klinge zur traditionellen Bekleidung gehörten.

Unweit des Sultanspalasts steht die 1900 fertiggestellte **Sultan Abu Bakar Moschee**, die Platz für 2000 Gläubige bietet und zu den schönsten Moscheen des Landes zählt.

Sehr hübsch fügt sich das **Thistle Hotel** (Jalan Sungai Chat, Tel. 00 60/72 22 92 34, www.thistle.com, 380 Zimmer, €€) in die Region gegenüber Singapur ein.

Zum Abschluss gehen Sie zur **Jalan Wong Ah Fook**. Vorbei an einem indischen Tempel führt diese belebte Straße zum **Markt**, der »pasar« heißt. An Wochenenden herrscht hier buntes quirliges Treiben.

: DAS UMLAND ERKUNDEN

IM NATURPARADIES BORNEO IN MALAYSIA

CHARAKTERISTIK: Tour mit Exotik, Abenteuer, Natur- und Dschungelerlebnissen
DAUER: Mindestaufenthalt 4 Tage **ÜBERNACHTUNG:** Eine ideale Adresse ist das Hotel Hilton Kuching. Hier wohnen Sie einerseits in Kuching direkt am Fluss, und andererseits gibt es am Batang Ai das Hilton Longhouse Resort, das Ihnen bei gewohnt guter Qualität die Exotik vor Ort bietet. Transport und Ausflüge können über das Hotel arrangiert werden. Jln Tunku Abdul Rahman, Kuching, Tel. 00 60/82 24 82 00, www.hilton.de, €€€ **AUSKUNFT:** Sarawak Tourism Board, Jalan Masjid, Kuching, Tel. 00 60/82/42 36 00, www.sarawaktourism.com
KARTE: Klappe vorne, f 6

Haben Sie sich bisher an der gezähmten Natur in Singapur erfreut, so führt Sie diese Tour zur Exotik und zu den Abenteuern einer mehrtägigen Tour in das vergleichsweise noch sehr wenig erschlossene **Sarawak**. Der Teilstaat im Nordwesten der Insel Borneo (Malaysia) bietet Dschungelerlebnisse, Begegnungen mit Orang-Utans, Nasenaffen und der Rafflesia, der größten Blütenpflanze Südostasiens. Zudem locken abenteuerliche Touren auf den Flüssen, die bis weit ins Hinterland führen.

Kuching ▶ Bako-Nationalpark
Perfekt ist es, die Tour in **Kuching**, der Hauptstadt Sarawaks, zu beginnen. Koloniales Flair konnte sich hier über den Krieg und die Modernisierung retten, sodass ein Spaziergang am Fluss und auf dem anschließenden »heritage trail« ein echtes Erlebnis wird. Das **Brooke Memorial** und das **Court House** (1871) lassen eindrucksvoll das Flair der Ära der englischstämmigen Familie Brooke wiederaufleben, die als weiße Rajas in die Geschichte eingegangen sind. Beim Stadtrundgang darf ein Besuch im **Sarawak Museum** (www.museum.sarawak.gov.my) nicht fehlen. Das kostenlos zu besuchende Museum zeigt im Untergeschoss die Vielfalt der Pflanzen- und Tierwelt der Region mit zahlreichen ausgestopften Tieren, darunter auch gigantische Krokodilschädel und meterlange Schlangen. Im Obergeschoss findet man Modelle der Langhäuser sowie originale Räume aus Langhäusern, inklusive menschlicher Schädel an der Decke!
Wenn man dann abends am Fluss flaniert, kann man sich ein wenig in die Situation der Entdecker der Vergangenheit versetzt fühlen. Doch vor den Toren der Stadt ist man dann plötzlich im Dschungel und selbst der Entdecker oder Abenteurer. In bester »Indiana Jones«-Manier gilt es hier, den Wald zu erkunden. Da heißt es schwitzen, von Mücken gestochen werden und ungläubig staunen ob der vielen Wunder der Natur.

Bako-Nationalpark ▶ Batang Ai
Für Naturliebhaber ist es ein Muss, den **Bako Nationalpark** mit seiner faszinierenden Tier- und Pflanzenwelt zu besuchen. Hier kann man u. a. Nasen-

affen, Bartschweine, Lanzenottern und Kannenpflanzen sehen. Wer zu den »Waldmenschen« möchte, sollte nach **Semenggoh**, zu der Orang-Utan-Rehabilitationsstation vor den Toren Kuchings fahren. Die Rafflesia blühen zu sehen ist ein Glücksfall und gelingt am besten im **Gunung Gading Nationalpark**, was ebenfalls als Tagestour von Kuching aus möglich ist.

Abenteuerlicher ist der Trip in andere Nationalparks. Ein Besuch am Stausee **Batang Ai** beispielsweise, der etwa vier Autostunden von Kuching entfernt an der Grenze zu Indonesien liegt, entführt Sie in die Natur und zur ehemaligen Kultur des Landes. Von hier aus können Sie Touren zum **Batang Ai Nationalpark** unternehmen oder nahe dem See faszinierendes »wildlife« erleben. An den Zuflüssen befinden sich etliche **Langhäuser der Dayak** (einige Dayak-Völker waren einst als Kopfjäger gefürchtet), die besichtigt werden können.

Alle diese Attraktionen in möglichst kurzer Zeit zu besuchen und dann auch noch immer die besten Informationen zu bekommen ist allein recht schwierig. Perfekte Organisation der Tour und überdies hervorragende Kenntnisse zu Natur und Kultur bietet Planet Borneo. Waghalsige Bootsfahrten durch Stromschnellen und ein erfrischendes Bad im reißenden Fluss sind ebenfalls möglich.

INFORMATIONEN
Planet Borneo
Jalan Temenggong Datuk Oyong Lawai | Miri | Tel. 00 60/85 41 55 82 | www.planetborneotours.com

In der Orang-Utan-Aufzuchtstation des Semenggoh Wildlife Centre (▶ S. 135), unweit von Kuching, kann man täglich der Fütterung der Primaten beiwohnen.

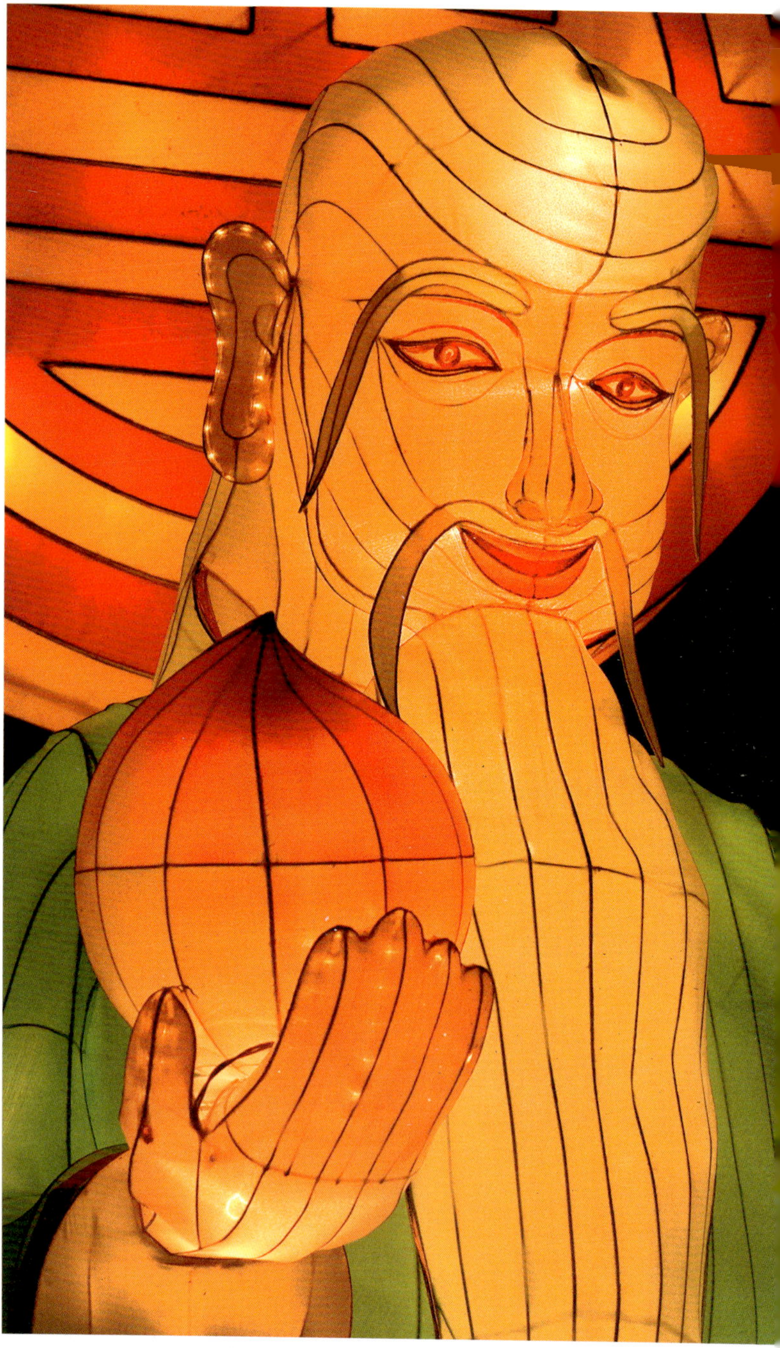

SINGAPUR ERFASSEN

Lampions in Gestalt mythischer Figuren bezaubern beim Mooncake Festival (▶ S. 48).

AUF EINEN BLICK

Hier erfahren Sie alles, was Sie über den Stadtstaat Singapur wissen müssen – kompakte Informationen über Land und Leute, von Bevölkerung und Geografie über Politik und Religion bis Sprache und Wirtschaft.

BEVÖLKERUNG

Singapur ist ein Vielvölkerstaat, der sich selbst gern als »Schmelztiegel der Völker und Kulturen« bezeichnet. Die diversen Kulturen – allen voran Chinesen, gefolgt von Malaien, Indern, Menschen anderer Abstammung, darunter auch Europäer – führen ein friedliches Miteinander, wobei jede Gruppe sich ihre eigene kulturelle Identität bewahrt hat und diese in ihrer Lebensweise in den verschiedenen Stadtvierteln und natürlich in ihren jeweiligen Religionen zum Ausdruck bringt.

LAGE UND GEOGRAFIE

Der Inselstaat Singapur befindet sich im Süden der Malaiischen Halbinsel. Noch 130 km weiter südlich verläuft der Äquator, sodass Singapur fast mitten in den Tropen liegt. Einst bedeckte üppiger tropischer Regenwald die Insel. Zwar trifft man auch heute nahezu überall in der Stadt auf tropische Vegetation, die ist aber fast immer künstlich und sehr akkurat angelegt. Die tropische Lage wirkt sich auch auf Klima und Luftfeuchtigkeit aus: Das ganze Jahr über ist es heiß und feucht. Tags-

◀ Das Casino (▶ S. 77) im Marina Bay Sands Hotel zieht viele Glücksritter an.

über klettert das Thermometer auf 32 °C, selbst nachts beträgt die Temperatur immer noch 20 °C. Einstellen sollte man sich auch auf Regen, der je nach Saison (von Oktober bis Februar ist Monsun) mal seltener und mal häufiger fällt.

POLITIK UND VERWALTUNG

Das Parlament der Republik Singapur besteht aus 84 Abgeordneten, die alle fünf Jahre vom Volk gewählt werden. Ziel der Regierung ist neben dem Wirtschaftswachstum ein sauberes Land, das weitgehend frei von Krankheiten ist. Deutlich wird dies auch in den zahlreichen Verbotsschildern und gesundheitlichen Überwachungen.

RELIGION

Eine offizielle Staatsreligion gibt es in Singapur zwar nicht, dafür aber eine verfassungsmäßig garantierte Religionsfreiheit. Während man auf der einen Straßenseite noch einen buddhistischen Tempel besucht hat, sieht man schräg gegenüber schon einen Hindutempel, wenige Hundert Meter entfernt eine Moschee und mitten im Stadtzentrum eine christliche Kirche. Diese Vielfalt der Religionen führt auch dazu, dass viel gefeiert wird – natürlich gemeinsam.

SPRACHE

Vier Amtssprachen gibt es offiziell, daneben noch die zahlreichen Dialekte der chinesischen Bevölkerung und der Menschen vom indischen Subkontinent. Mit Englisch habe man keinerlei Probleme, so die Theorie, doch daraus ist längst »Singlisch« entstanden, ein Slang, der sich oft wie eine Verballhornung des Englischen anhört. Es gibt einige Begriffe, die sich stets wiederholen, z. B. das »lah«, das als Anhängsel zu einer besonderen Betonung der Aussage führt (»you understand lah?«). Oft benutzt wird das knappe, aber nicht unhöflich gemeinte »can« oder »can not« als Antwort auf eine Frage. Bemerkt man die Ratlosigkeit des Gegenübers, wird meist sehr rasch zum korrekten Englisch gewechselt.

WIRTSCHAFT

Der Handel mit Waren ist nach wie vor der wichtigste Wirtschaftszweig, gefolgt von der Elektronikindustrie und der Öl verarbeitenden Industrie. Eine wichtige Einnahmequelle für den Staat ist der Tourismus.

AMTSSPRACHE: Englisch, Chinesisch (Mandarin), Malaiisch und Tamilisch
BEVÖLKERUNG: 74,1 % Chinesen, 13,4 % Malaien, 9,2 % Inder, 3,3 % anderer Abstammung (auch Europäer)
EINWOHNER: 5,183 Mio.
FLÄCHE: 710 qkm
HÖCHSTER BERG: Bukit Timah (162 m)
INTERNET: www.gov.sg
NATIONALFEIERTAG: 9. August
RELIGION: 44,2 % Buddhisten und Taoisten, 14,7 % Muslime, 18,3 % Christen, 5,1 % Hindus
STAATSFORM: Republik
STAATSOBERHAUPT: Präsident Tony Tan Keng Yam
VERWALTUNG: 5 Community Development Council (CDC) Districts
WÄHRUNG: Singapore Dollar (S$)

GESCHICHTE

*Singapur ist seit jeher ein Schmelztiegel der Kulturen.
Viele fremde Herren und deren Machtinteressen bescherten dem
Stadtstaat eine bewegte Vergangenheit. So schuf sich Großbritannien
Anfang des 19. Jh. hier eine Kronkolonie mitten in Asien.*

13. Jh. Gründung der Löwenstadt

Temasek (das Königreich am Meer) wird von **Prinz Sang Nila Utama** gegründet. Der Legende nach will der Prinz auf der Insel einen **Löwen** beobachtet haben. Aus diesem Grund nannte er die gegründete Siedlung **Singa-Pura** (Löwenstadt). Was er tatsächlich sah, blieb ungeklärt. Nur so viel steht fest: Löwen gab es hier nie!

6. Februar 1819 Ankunft von Sir Stamfort Raffles

Sir Stamford Raffles landet mit einer Expedition von Sumatra aus kommend auf der Insel, da er im Süden der malaiischen Halbinsel einen neuen Hafen für britische Schiffe sucht. Mithilfe seiner militärischen Macht mischt er sich in eine Erbfolgeauseinandersetzung malaiischer Fürsten ein, stellt sich öffentlich auf die Seite einer der Parteien und bekommt dafür **Landrechte** auf der Insel, sodass er kurz darauf eine Niederlassung der **East India Company** auf der Insel gründen kann. Der Einfluss Raffles ist an der **Bevölkerungszunahme** deutlich spürbar. Noch 1819 steigt sie von etwa 150 Menschen auf 5000.

1820–1890 Mitglied des britischen Kolonialreiches

Schon wenige Jahre später wird die Insel Singapur vom **Sultan von Johor** offiziell an die **Engländer** abgetreten.

Erste Aufzeichnungen chinesischer Händler über eine »Insel am Ende« (wohl der malaiischen Halbinsel Pulau Ujong).

Januar 1819 Eine Expedition unter Sir Stamford Raffles landet in Singapur, damit beginnt eine neue Ära.

3. Jh.

13. Jh. Das Königreich am Meer (Temasek) wird gegründet.

6. Februar 1819 Raffles gründet eine erste Niederlassung der East India Company auf der Insel.

Mittlerweile leben in der Stadt nun schon über 10 000 Menschen, die vor allem im Handel tätig sind. Singapur schließt sich dann mit Penang und Malacca zum **Straits Settlement** zusammen, um vor allem den **Gewürzhandel** kontrollieren zu können. Zudem war der Zusammenschluss eine wichtige Basis für das britische Militär. In diesem Rahmen erhielten die Niederlassungen später auch den Status einer **Kronkolonie** mit bedeutenden Handelsbeziehungen, was sich auch in der stetig wachsenden Bevölkerung und repräsentativen Bauten wie dem Raffles Hotel deutlich machte. Die Stadt wurde so zum zentralen Dreh- und Angelort innerhalb des **britischen Kolonialreiches** in Asien.

1941–1945 Zweiter Weltkrieg

Im Zweiten Weltkrieg konnte Singapur im Gegensatz zu Europa noch längere Zeit ohne Kriegserfahrungen auskommen. Doch dies änderte sich Ende 1941, als **japanische Truppen** Thailand und die malaiische Halbinsel besetzen. Die Briten gingen auch in Malaysia von Angriffsversuchen über das südchinesische Meer aus. Somit galt das Hauptaugenmerk ihrer Verteidigungslinien auf den Küstenbefestigungen. Ein fataler Fehler. Denn die kaiserlichen Truppen kämpften zunächst gegen Thailand, errangen schon nach wenigen Tagen den Sieg und damit das Zugeständnis der thailändischen Regierung, die gesamte Infrastruktur zu nutzen. So waren die Japaner dazu in der Lage, von Norden her nach **Malaysia** einzufallen. Mit Fahrradbrigaden brachen sie den Widerstand der Briten auf der malaiischen Halbinsel auf und standen schon nach wenigen Wochen im Süden gegenüber Singapur.

Singapur galt als uneinnehmbare Festung, die aber vor allem zum Meer hin verteidigt werden konnte. Da die japanischen Truppen aber erstens die Überlegenheit in der Luft hatten und so die britischen Schlachtschiffe versenken konnten, lastete dies auf der Moral der Truppe. Stark demoralisierend waren auch die **Luftangriffe** auf die Stadt. Zudem griffen die Japaner in erster Linie nicht von See her an, son-

---

1824 Der Sultan von Johor übergibt Singapur offiziell an die Briten.

1871

1887 Das Raffles Hotel wird errichtet.

Singapur wird britische Kronkolonie mit stetig wachsenden Handelsbeziehungen in alle Welt.

Februar 1942 Nach Thailand und Malaysia besetzen japanische Truppen jetzt auch Singapur.

dern von der weniger gut befestigten Landseite, also von Malaysia aus an. Die Befestigungen und die berühmten schweren Geschütze der Briten waren nahezu nutzlos. Schnell gelang es ihnen, von Malaysia aus Panzer auf die Insel zu bringen und in kühnen und raschen Angriffen Munitions- und Verpflegungsdepots einzunehmen. Um den 9. Februar gelang es ihnen zudem, die **Trinkwasserversorgung** Singapurs zu kontrollieren. Mittlerweile drängten sich über 1 Million Menschen in der Innenstadt. Am 15. Februar war die Situation dann so unhaltbar, dass der Oberbefehlshaber General Arthur Percival kapitulierte. Für die Soldaten und Bewohner Singapurs begann eine dramatische Zeit, z. B. im **Kriegsgefangenenlager Changi**. Erst am 12. September 1945 kapitulierten die **Japaner** dann vor den Alliierten unter Lord Louis Mountbatten.

1946–1965 Auf dem Weg zur unabhängigen Kronkolonie

Nach dem Krieg übernahm die britische Regierung wieder den Stadtstaat als Kronkolonie mit eigenem Gouverneur; allerdings wurde das Straits Settlement aufgelöst. Als Großbritannien Singapur dann 1959 **unabhängige Kronkolonie** werden ließ, gründete sich sehr schnell die **People's Action Party** (PAP) mit **Lee Kuan Yew** an der Spitze. Er wurde erster Premierminister des Stadtstaates. Allerdings verließ er sich wirtschaftlich zunächst noch auf den Nachbarstaat Malaysia, der zwei Jahre zuvor die Unabhängigkeit ausgerufen hatte. Kein Wunder, wenn man bedenkt, wie eng die Beziehungen waren: Singapur war dringend auf das Wasser angewiesen, das durch eine gigantische Pipeline über den Causeway gepumpt wurde und wird. Singapur wollte sich noch 1959 Malaysia anschließen. Dem Premierminister Malaysias Abdul Rahman war dies zwar recht, allerdings befürchtete man in Kuala Lumpur, die über eine Million Singapur-Chinesen könnten zusammen mit den Chinesen Malaysias die Vormacht der Malaien im Staat brechen. Man suchte also nach weiteren Verbündeten und fand sie schließlich

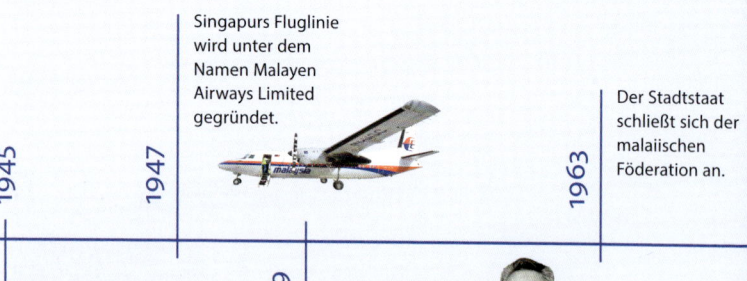

1945 Am Ende des Zweiten Weltkrieges kapitulieren auch die Japaner.

1947 Singapurs Fluglinie wird unter dem Namen Malayen Airways Limited gegründet.

1959 Singapur wird unabhängige Kronkolonie, Lee Kuan Yew erster Premierminister.

1963 Der Stadtstaat schließt sich der malaiischen Föderation an.

in Sabah und Sarawak. So verwundert es nicht, dass es bis 1963 dauerte, bis Singapur der **Föderation von Malaysia** beitrat. Doch die Probleme ließen nicht auf sich warten. In den Folgejahren sehen sich die Chinesen Singapurs zunehmend benachteiligt gegenüber den Malaien, sodass die PAP 1965 den **Austritt** aus der Föderation beschloss und sich am 9. August für **unabhängig** erklärte. Zugleich schloss sich Singapur den Vereinten Nationen und dem Commonwealth an.

1967 Zusammenschluss südostasiatischer Staaten

Die Staaten Südostasiens erkennen, dass sie nur dann auf internationaler Bühne Macht haben können, wenn sie sich untereinander einig sind. So wird Singapur dann Gründungsmitglied der **ASEAN** (Association of South East Asian Nations), zusammen mit Malaysia, Thailand, Indonesien, Brunei und den Philippinen.
Am 12. Juni 1967 bekam der Stadtstaat dann seine eigene **Währung**: Der Singapore Dollar ist ab sofort Zahlungsmittel. Der Staat entwickelt sich unter Führung der Partei PAP zur aufstrebenden **Wirtschaftsnation**. Die Währung gewann fortan an Wert.

1970–1990 Zusammenleben der Rassen

Lee Kuan Yew wird zu einem der wichtigsten Führer in Südostasien. Zusammen mit der PAP schafft er es, Singapur an die Spitze der Region zu befördern. Dazu zählen einerseits seine wirtschaftspolitischen Erfolge, andererseits aber auch seine Errungenschaften in sozialen Belangen. **Ordnung und Sicherheit** standen für ihn ebenso oben auf der Agenda wie der **Kampf gegen Korruption** und seine Vision von der »Garden City«. Drakonische Strafen für Vergehen und Verbrechen jedweder Art minimierten die Kriminalität drastisch und erhöhten die **Sauberkeit** massiv, sodass die Stadt mittlerweile sehr sicher und sauber ist. Hinzu kamen und kommen aufklärende Kampagnen wie z. B. »Speak Mandarin«, um der chinesischen Bevölkerung eine **gemeinsame Basis** zu geben

---

1965

Nach nur zwei Jahren verlässt Singapur die Föderation wieder und wird eigenständig.

1967 Der Stadtstaat bekommt seine eigene Währung, den Singapore Dollar, und schließt sich mit anderen Staaten zur ASEAN zusammen.

1990 Singapur beginnt mit intensiven Landgewinnungsmaßnahmen im Meer.

1992 Das viel belächelte Kaugummiverbot tritt in Kraft.

usw. Und auch diese Maßnahmen zeigen Wirkung, denn das Volk ist stolz auf seinen Staat, und die verschiedenen Rassen im Land leben einträchtig miteinander. Viele seiner Projekte benötigen Land, das im Staat nicht zur Verfügung steht, also beginnt Lee mit Maßnahmen zur **Landgewinnung im Meer**.

1990–2005 Erfolge und Probleme der Neuzeit

Nach 25 Jahren Amtszeit übergibt Lee das Präsidentenamt an **Goh Chock Tong** ab, der ebenfalls aus der PAP kommt. Goh verfolgt die Ziele Lees weiter, wenngleich in manchen Dingen auch etwas liberaler. Dies gilt nicht für das kuriose Kaugummiverbot, das 1992 erlassen wird und auch Touristen nur die Einfuhr eines Päckchens gestattet. Erst ab Mai 2004 wird dieses Verbot gelockert. 1995 feiert man noch mit Paraden und Feuerwerk das **30. Jubiläum der Unabhängigkeit**, zugleich zwingen stetig stetig steigende Besucherzahlen zum Ausbau des Changi Airports, doch da hängen schon die dunklen Wolken der **Wirtschaftskrise** am Himmel. Die schlägt 1997 voll durch, gefolgt von den massiven und wochenlang lodernden Waldbränden in den umliegenden Ländern, was starke **Einbußen** im Tourismus mit sich bringt. Erst im Januar 98 sind die Waldbrände in Malaysia und Indonesien weitgehend gelöscht.

Zur Jahrtausendwende startet Singapur dann eine neue Tourismusinitiative: **Millennia Mania**. Zur Jahreswende 1999/2000 findet die größte Neujahrsparty aller Zeiten statt.

Doch die Region kommt nicht zur Ruhe. Kaum ist das eine Problem gelöst, nähert sich ein neues. **Terroranschläge** islamischer Extremisten in Jakarta und auf Bali beeinträchtigen den Tourismus ebenso wie die weltweit ausbrechenden **Infektionskrankheiten** SARS (2003) und Vogelgrippe (H1N1). Doch Singapur hat seine strikten Vorschriften, setzt sie durch und schafft so jeweils den Ausweg aus den unterschiedlichen Krisen.

2004 wird Premierminister Goh Chok Tong nach 14-jähriger Amtszeit von

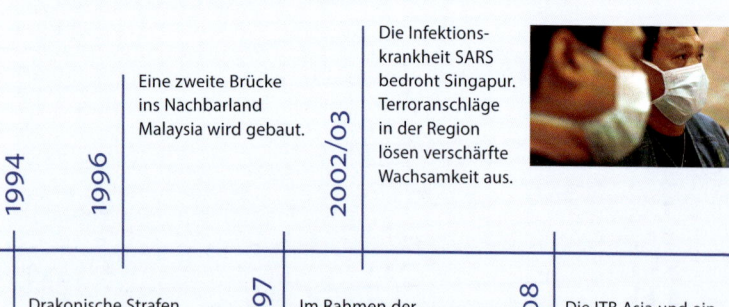

1994

Drakonische Strafen werden auch über Touristen verhängt.

1996

Eine zweite Brücke ins Nachbarland Malaysia wird gebaut.

1997

Im Rahmen der Finanzkrise in Asien erleidet auch Singapur Rückschläge.

2002/03

Die Infektionskrankheit SARS bedroht Singapur. Terroranschläge in der Region lösen verschärfte Wachsamkeit aus.

2008

Die ITB Asia und ein Formel-1-Rennen finden erstmals in Singapur statt.

Lee Hsieng Loong (dem Sohn Lee Kuan Yews) von der PAP abgelöst, und der Staat startet erneut durch: 2005 kommt es zu einer weiteren **Tourismusinitiative** mit zahlreichen Festivals. Zugleich feiert man sich als Stadt mit der größten Dichte an Spas (Wellness-Oasen), und wird zugleich 40 Jahre alt. Und der Lohn? Über 8 Millionen Besucher 2005!

2007–2014 Stadt mit Eventcharakter

Die vielen Besucher erfordern schon wieder Ausbauten in der **Infrastruktur**. 2007 kann am Changi Airport **Terminal 3** eröffnet werden. Und in der Stadt kann man nunmehr mit über 5000 Hotspots nahezu überall wireless surfen. 2009 nutzen dann schon über 37 Millionen Fluggäste den **Airport**.

Singapur bemüht sich seitdem zunehmend um den Status der Stadt mit Eventcharakter. Neben der ITB Asia findet erstmalig die Formel 1 statt. 2010 eröffnete das riesige **Marina Bay Sands Hotel** auf dem künstlich aufgeschütteten Land vor dem River. Im gleichen Jahr wurden hier die olympischen Jugendspiele ausgetragen.

2011 wird dann **Tony Tan Keng Yam** zum Präsidenten des Staates gewählt. Im November 2011 wird ein erster Teil des neuen botanischen **Gardens by the Bay** eröffnet, im Juni 2012 erfolgt die offizielle Eröffnung. Und 2013 folgt ein weiterer Sieg von Sebastian Vettel in der **Formel 1** (2014: vom 19.–21. September). Nach diesem nunmehr dritten Sieg hält er damit den Rekord auf dem Kurs in Singapur. Und dies alles nur mit dem Ziel, noch mehr Besucher ins Land zu holen. Angepeilt sind 15 Millionen **Besucher** für 2015. Und die sollen dann etwa 15 Milliarden Singapore Dollar ins Land bringen. Die Vision der »**Garden City**«, die Lee schon vor Jahrzehnten hatte, scheint nahezu Realität geworden zu sein. Da bleibt man gespannt, wie sich die anderen Ideen zur Zukunft Singapurs entwickeln werden. In jedem Fall gilt »Singapore Roars!«, eigentlich nur das Tourismusmotto für 2003 – aber der Löwe brüllt bis heute!

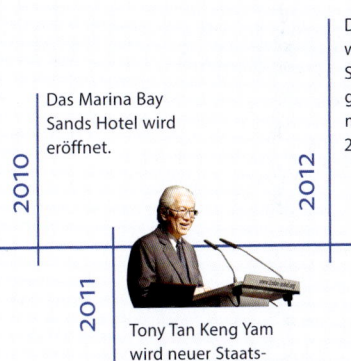

2010 Das Marina Bay Sands Hotel wird eröffnet.

2011 Tony Tan Keng Yam wird neuer Staatspräsident.

2012 Der Gardens by the Bay wird eröffnet. Nun hat Singapur mit Landgewinnung etwa 20 % mehr Fläche als vor 20 Jahren.

2013 Sebastian Vettel gewinnt zum dritten Mal die Formel 1 beim Nachtrennen und wird damit der erfolgreichste Fahrer des Innenstadtrennens.

KULINARISCHES LEXIKON

A
abalone – Muschelspezialität
asparagus – Spargel

B
bacon – Speck
bamboo shoots – Bambussprossen
barbecue – Grill
bean curd – Sojabohnenquark, Tofu
bean sprouts – Sojabohnenkeime
beef – Rindfleisch
beer – Bier
beggar's chicken – Bettlerhuhn, im Lehmmantel geschmort
belachan – Garnelenpaste
bird's nest – Schwalbennest
boiled – gekocht
boneless – von den Knochen gelöst
buah – Frucht

C
cabbage – Kohl
carrots – Möhren
celery – Staudensellerie
chestnut – Esskastanie
chicken – Huhn
– wing – Hühnerflügel
chili sauce – scharfe Sauce
Chinese broccoli – grünes Blattgemüse
chopsticks – Essstäbchen
chowder – Suppe mit Fisch oder Schalentieren
clam – Muschel
crab – Krebs
cream – Sahne
crispy rice – knuspriger Reis, der mit einer Sauce übergossen wird
crustacea – Krustentiere
cucumber – Gurke
cup – Tasse
cuttlefish – gemeiner Tintenfisch

D
deep-fried – frittiert
draught beer – Bier vom Fass
dressing – Salatsauce
duck – Ente
dumplings – Klöße

E
eel – Aal
egg – Ei
eggplant – Aubergine

F
fennel – Fenchel
flavour – Geschmack, Aroma
French fries – Pommes frites
fried eggs – Spiegeleier
fruit juice – Fruchtsaft

G
garlic – Knoblauch
garoupa – Meeresfisch
ginger – Ingwer
goose – Gans
grape juice – Traubensaft
green beans – grüne Bohnen

H
halal – im islamischen Sinne »rein«
hot – scharf
hot pot – Brühe zum Garen von Fleisch und Gemüse

J
jelly fish – Qualle
jiaozi (chin.) – gefüllte Teigtaschen

K

kale – grünes Blattgemüse
kueh – Dessert aus Kokos, Reismehl und Palmzucker

L

lamb chop – Lammkotelett
lemon – Zitrone
lemon squash – ausgepresster Zitronensaft
lettuce – Kopfsalat
liver – Leber
lobster – Hummer

M

marinated – mariniert
mashed potatoes – Kartoffelpüree
meat balls – Fleischklößchen
medium rare – halb durchgebraten
minced – gehackt (Fleisch)
mint – Minze
mushrooms – Pilze
mussels – Miesmuscheln
mustard – Senf

N

noodles – Nudeln
nuts – Nüsse

O

oatmeal – Haferbrei
onions – Zwiebeln
oyster – Auster

P

pak choi – grünes Blattgemüse
pastry – Teig
pear – Birne
peas – Erbsen
pepper – Pfeffer
peppers – Paprikaschoten
pineapple – Ananas
pomfret – kleiner lokaler Fisch
pork – Schweinefleisch
prawn – große Garnele

R

rice – Reis
roast duck/goose – in einem Spezialbehälter mit Holzkohlenfeuer knusprig gegarte Ente oder Gans
roll – Brötchen

S

salmon – Lachs
satay – Fleischspießchen
sausage – Wurst
sauteed – in wenig Fett schnell gebraten
scallop – Kammmuschel
scrambled eggs – Rührei
sizzling – auf einer heißen Platte serviert
smoked – geräuchert
snapper – Meeresfisch
sole – Seezunge
soy sauce – Sojasauce
spicy – scharf gewürzt
spring onion – Frühlingszwiebel
– roll – Frühlingsrolle
squid – Tintenfisch
sweet and sour – süß-sauer

T

trout – Forelle
tuna fish – Thunfisch

V

vegetables – Gemüse
vinegar – Essig

W

wan tan (won ton) – gefüllte Teigtaschen, meist in Suppe
water chestnut – Wasserkastanie
well done – gut durchgebraten

SERVICE

Anreise
MIT DEM FLUGZEUG

Changi Airport (im Osten der Insel) ist der internationale Flughafen der Stadt. Vor der Einreise müssen Sie eine Einreisekarte ausfüllen, auf der neben persönlichen Daten auch der Aufenthaltsort sowie Besuchsgrund und die Dauer des Besuchs einzutragen sind. Von Europa aus fliegen täglich nahezu alle internationalen Fluggesellschaften nach Singapur. Die Preise für Hin- und Rückflug bewegen sich zwischen etwa 500 und 1000 €.

Wer aus Malaysia mit dem Flugzeug einreist (z. B. von Tioman), kommt am Seletar-Airport an, der im Nordwesten der Insel liegt.

Auf www.atmosfair.de und www.myclimate.org kann jeder Reisende durch eine Spende für Klimaschutzprojekte für die CO_2-Emission seines Fluges aufkommen.

VOM FLUGHAFEN IN DIE STADT

Vor der Ankunftshalle gibt es Dutzende wartender **Taxis**. Die Fahrt zur City kostet (je nach Entfernung) ab 18 S$. Hat man sehr viel Gepäck oder mehr als vier Personen in der Gruppe, kann man ein Maxi-Cab für 65 S$ buchen. Günstig ist die Fahrt mit der **MRT**. Zwischen 5.26 und 23.18 Uhr fahren die Schnellbahnen regelmäßig ab den Terminals 2 und 3. Man folgt der Ausschilderung »train to city« in den Terminals (vom Terminal 1 fährt eine Shuttle-Bahn zum Terminal 2 oder 3). An der Station Tanah Merah muss man in die Bahnen umsteigen, die zur City fahren. Die Ticketkosten sind entfernungsabhängig, derzeit beträgt es 2 S$ bis City Hall, Tickets bekommt man direkt am Automaten am Bahnsteig. Eine Alternative ist der SBS-Bus 36, der zwischen 6 und 24 Uhr regelmäßig zwischen allen drei Terminals und der City verkehrt (Dauer: ca. 1 Std., 2 S$).

MIT DEM AUTO

Sofern Sie mit dem Mietwagen in Malaysia unterwegs sind, reisen Sie entweder über Johor Bahru über den »causeway« oder mit der Fähre von Tanjong Belungkor nach Changi Point ein. In beiden Fällen müssen Sie sicherstellen, dass das Fahrzeug die aktuelle Steuerplakette (VEP) Singapurs trägt bzw. diese auf Tagesbasis kaufen (etwa 45 S$). Einfacher ist es, in Johor Bahru ein Taxi nach Singapur zu nehmen (Festbetrag etwa 80 M$/50 S$).

MIT DEM SCHIFF

Singapurs Hafen liegt im Bereich des Clifford Piers. Zur Entlastung dieses Fährterminals wurde 1996 ein zweites Terminal in Tanah Merah (MRT bis Tanah Merah, dann Bus Nr. 35) in Betrieb genommen.

MIT DEM ZUG

Es gibt Verbindungen aus Malaysia (z. B. Kuala Lumpur) oder Thailand (z. B. Bangkok), wobei letztere Strecke über Kuala Lumpur und Butterworth/Penang führt.

Auskunft

IN DEUTSCHLAND, ÖSTERREICH UND DER SCHWEIZ

Singapore Tourism Board (STB)

Bleichstr. 45, 60313 Frankfurt/Main | Tel. 0 69/9 20 77 00 | www.yoursingapore.com

IN SINGAPUR

Singapore Tourism Board (STB)

– Orchard Rd./Cairnhill Rd. | MRT: Somerset | tgl. 9.30–22.30 Uhr C3
– ION Orchard, Level 1 Concierge, MRT: Orchard | tgl. 10–22 Uhr B 2/3
– Kreta Ayer Rd., 2 Banda St. MRT: Chinatown | tgl. 9–21 Uhr D 5
www.yoursingapore.com

Buchtipps

Noel Barber: Tanamera – Der Roman Singapurs (Hodder Paperback, 2007) Wer sich auch für die Geschichte des Stadtstaats interessiert und leichte Reiselektüre sucht, sollte sich mit diesem unterhaltsamen Roman ausrüsten. Er erzählt die Geschichte der britischen Kolonialherren von der Jahrhundertwende bis kurz nach dem Zweiten Weltkrieg.

Nicola Kaulich-Stollfuß – Ein Jahr in Singapur (Herder, 2013) Statt eines Urlaubs lebt man als Expat in der Metropole. Das Leben mal aus einer ganz anderen Perspektive und heiter-ironisch geschrieben.

Cheah Jin Seng – 500 Early Postcards: Singapore (Ed Didier Millet, 2006) Mit diesen alten Postkarten kann man sich wunderschön in das alte Singapur versetzen.

Sonny Yap, Richard Lim, Leong Weng Kam – Men in White: The Untold Story of Singapore's Ruling Political Party (Marshall Cavendish, 2010) Hier geht es um die PAP, die herrschende Partei des Staates. Ihre Hintergründe und Strippenziehereien, ihren Aufstieg und Fall von 1959 bis heute.

City Cards

Der Singapore Tourist Pass ermöglicht die freie Benutzung der öffentlichen Verkehrsmittel. Er ist an den MRT-Stationen Ang Mo Kio, Bugis, Changi Airport, Chinatown, City Hall, HarbourFront, Orchard und Raffles Place erhältlich.

www.thesingaporetouristpass.com | 1 Tag 18 S$, 2 Tage 26 S$, 3 Tage 34 S$

In Singapur kann man Geld sparen, wenn man viele Sehenswürdigkeiten besuchen möchte und einen City Pass kauft. Es gibt unterschiedliche Angebote, z. B. den Singapore Attraction Pass von City Discovery (www.citydiscovery.com/singapore) ab 79 S$, den Go Singapore Pass (www.gosingaporepass.sg) ab 79,90 S$, den Singapore City Pass (www.singaporecitypass.com) ab 79,90 S$ und den City Pass ab 34,90 S$ von Singapore City Tours (www.citytours.sg).

Diplomatische Vertretungen

IN SINGAPUR

Botschaft der Bundesrepublik Deutschland E 5

Marina Bay | 50 Raffles Pl., | 12-00 Singapore Land Tower | MRT: Raffles Place | Tel. 65 33 60 02

Botschaft der Republik Österreich

🔖 F3

Bugis | 600 North Bridge Rd. | MRT: Bugis, City Hall | Tel. 63 96 63 50

Botschaft der Schweiz

▶ Klappe vorne, c 3

Bukit Timah | 1 Swiss Club Link | MRT: Clementi, Taxi | Tel. 64 68 57 88

Drogen

Schon bei Besitz kleinster Mengen illegaler Drogen drohen hohe Haft- und Geldstrafen; wird Verkaufsabsicht unterstellt, gilt die Todesstrafe! Wenn Sie Schlafmittel und Psychopharmaka benötigen, müssen Sie ein Rezept vorweisen können.

Feiertage

1. Januar Neujahr
Ende Januar Chinesisches Neujahr
Karfreitag
Hari Raya Puasa Ende des Ramadan
1. Mai Tag der Arbeit
Vesakh Day Buddhas Geburtstag
9. August Nationalfeiertag
Ende Oktober/Anfang November Deepavali (Fest der Lichter)
25. Dezember Weihnachten

Geld

1 S$ .... 0,62 €/0,75 SFr
1 € .... 1,61 S$
1 SFr .... 1,34 S$

Ideal ist der Umtausch von Devisen beim »money changer«, Hotels geben ungünstige Kurse. Am einfachsten hebt man mit der EC-Karte (Maestro-Logo) an ATMs (Geldautomaten) Geld ab.
Alle gängigen Kreditkarten werden akzeptiert, teilweise sogar in Taxis.

Links und Apps

LINKS

www.yoursingapore.com
Die offizielle Webseite des Singapore Tourism Board.
www.straitstimes.com
Online-Version der großen englischsprachigen Tageszeitung.
www.singaporeexpats.com
Die Seite für alle »Ausländer« und ihre Freunde.

APPS

www.yoursingapore.com
Führt zu Singapurs Sehenswürdigkeiten, Restaurants, Läden.
Für iPhone und Android | kostenfrei
www.is.asia-city.com
Aktuelle Informationen zu Events und der Nightlife-Szene.
Für iPhone und Android | kostenfrei
www.hungrygowhere.com
Viele Informationen von Menschen vor Ort zu allen Arten von Restaurants.
Für iPhone und Android | kostenfrei

Medizinische Versorgung

KRANKENVERSICHERUNG

Eine Auslandsreisekrankenversicherung ist ein Muss! Arzthonorare werden direkt bezahlt. Quittungen müssen Diagnose und Leistungen enthalten, um später von der Versicherung eine Erstattung zu erhalten.

KRANKENHAUS

Singapore General Hospital 🔖 C5
Outram | Outram Rd. | MRT: Outram Park | Tel. 62 22 33 22 | www.sgh.com.sg

APOTHEKEN

Apotheken sind in der Regel von Mo–Fr 9–22, Sa 10–14.30 Uhr geöffnet.

Nebenkosten

1 Tasse Kaffee .... 0,60–4,00 €
1 Bier .... 4,00 €
1 Cola .... 0,60–1,20 €
1 Garküchengericht .... ab 2,20 €
1 Liter Benzin .... 1,45 €
Fahrt mit öffentlichen Verkehrsmitteln
(Einzelfahrt) .... 0,80 €

Notruf

Polizei Tel. 999
Feuerwehr/Rettungsdienst Tel. 995

Post

Briefmarken erhält man in den Postfilialen und Hotels. Eine Postkarte nach Mitteleurpopa kostet 0,50 S$. Die Briefkästen in Singapur sind rot.

Rauchen

In öffentlichen Gebäuden, Verkehrsmitteln und Gaststätten besteht Rauchverbot. Tabakwaren dürfen nicht eingeführt werden.

Reisedokumente

Deutsche, Österreicher und Schweizer können mit einem mindestens sechs Monate gültigen Reisepass einreisen. Kinder benötigen einen mindestens sechs Monate gültigen Kinderreisepass.

Reise- und Businessknigge

Neben den vielen genannten Verboten gilt es, einige **Verhaltensweisen** zu kennen. Man zeigt niemals mit dem Finger auf eine Person, sondern mit dem Daumen. Ebenso winkt man niemanden mit einem Finger zu sich, sondern hält die Handfläche nach unten und bewegt alle Finger auf und ab.
Beim **Essen** geht es fast überall westlich orientiert zu. Manchmal stehen nur Essstäbchen zur Verfügung, alternativ Löffel und Gabel. Sollte man mit der Hand essen, so wird nur die rechte verwendet.
FKK und Oben-ohne-Sonnenbaden ist verboten.

Reisewetter

Im gleichmäßigen Klima der Tropen mit Werten zwischen 34 °C (tagsüber) und 20 °C (Minimum, nachts), ist der Stadtstaat ganzjährig zu besuchen.

Klima (Mittelwerte)

	Januar	Februar	März	April	Mai	Juni	Juli	August	September	Oktober	November	Dezember
Tagestemperatur	30	31	31	32	32	31	31	31	31	31	30	30
Nachttemperatur	23	24	24	24	25	25	24	24	24	24	23	23
Sonnenstunden	6	7	6	6	6	6	6	6	5	5	4	4
Regentage pro Monat	12	10	13	14	14	13	14	13	14	15	19	19
Wassertemperatur	27	27	28	28	28	29	28	28	28	28	28	27

Zwischen Oktober und Ende Februar bringt der Nordostmonsun häufig Regenschauer, allerdings muss man auch während des übrigen Jahres fast täglich mit kurzen Schauern rechnen.

Stadtführungen

SIA Hop-on Bus: eine günstige Alternative zum öffentlichen Transport. Der Bus fährt alle 30 Min. auf einer festen Strecke zu allen Sehenswürdigkeiten der City. Passagiere der SIA zahlen bei Vorlage von Bordkarte oder Ticket 8 S$, alle übrigen Touristen 21 S$ für Tageskarten. Tickets gibt es in den Hotels. www.siahopon.com.
Duck Tours: Fahrten mit dem Bus oder dem Amphibienfahrzeug gehören hier zum festen Programm. Die Touren starten ab Suntec City Mall oder Singapore Flyer. Eine Tour kostet 33 S$, Kinder 23 S$. www.ducktours.com.sg

Sicherheit

Singapur ist sehr sicher. Aber das bedeutet nicht, hier gäbe es keine Kriminalität. Je größer eine Menschenmenge ist, desto leichter haben es Taschendiebe. Aktuelle Infos gibt es bei der Polizei. Hilfe im Notfall: Tel. 9 99 oder 1 80 02 55 00 00, www.spf.gov.sg

Stromspannung

Die elektrische Spannung beträgt 220 Volt. Ein Steckeradapter ist notwendig.

Telefon
VORWAHLEN

D, A, CH ▶ Singapur 00 65
Singapur ▶ D 00 49
Singapur ▶ A 00 43
Singapur ▶ CH 00 41

Mobiltelefone mit dem GSM-Standard funktionieren in Singapur.

Trinkgeld

Im Rechnungsbetrag sind 4 % Bedienungsgeld enthalten, Trinkgelder werden nicht erwartet. Bei Hotelpagen gilt: pro Gepäckstück 1 S$.

Verkehr
AUTO

Autofahren wird in Singapur zur Qual: Probleme mit Parkplätzen, Verkehrsstau in der Innenstadt und die kostenpflichtige Einfahrt in den CBD (Central Business District) machen das Autofahren wenig attraktiv.

BUS

Zwei Gesellschaften bieten ein gutes Netz im gesamten Inselbereich: SBS und SMRT. Die Linienbusse fahren täglich zwischen 6 und 24 Uhr. Je nach Strecke kostet eine einfache Fahrt 0,90 bis 2,80 S$. Halten Sie immer den passenden Betrag bereit, da das Geld beim Fahrer in eine Box geworfen wird und Sie kein Wechselgeld zurückerhalten. Einfacher ist eine EZ-Link-Card, d. h. ein Sammelfahrschein, der für einen vorher bestimmten Zeitraum gilt (ab 15 S$/Tag) oder der Singapore Tourist Pass (▶ S.149).

MIETWAGEN

Viele internationale Mietwagenagenturen haben ihre Filialen in der Stadt. Pro Tag müssen für einen Leihwagen etwa 100 € kalkuliert werden.

SCHNELLBAHN MRT

Klimatisierte Züge des Mass Rapid Transit-Schienenbahnsystems (MRT)

donnern im Drei- bis Acht-Minuten-Takt von Station zu Station, jede davon eine eigene kleine Sehenswürdigkeit, von lokalen Designern entworfen und perfekt überwacht. Je nach Strecke kosten die Tickets ab 1,10 S$. Die Züge fahren zwischen 6 und 24 Uhr. Zum Preis kommt noch eine Gebühr von 1 S$/Ticket hinzu, die man bei Abgabe am Automaten erstattet bekommt.
www.smrt.com.sg

TAXI

3 S$ werden für den ersten Kilometer verlangt, je weitere 400 m werden 22 Cent berechnet, ab 10 km 22 Cent/350 m. 45 Sek. Wartezeit (zum Beispiel Stau) kosten weitere 22 Cent. Hinzu kommen gegebenenfalls noch diverse Zuschläge.

Zeitungen und Zeitschriften

Englischsprachige Zeitungen sind »The Straits Times« und »The Business Times«. Deutschsprachige Magazine sind »Impulse« und »Aktuell Singapur« (Wirtschaft und Politik).

Zeitverschiebung

In Singapur gilt die Singapore Standard Time (MEZ +6 Std. im Sommer, MEZ +7 Std. im Winter).

Zoll

Reisende über 18 Jahre dürfen für den privaten Gebrauch je 1 l Wein, Spirituosen und Bier einführen. Die Einfuhr von Tabakwaren ist nur mit Einfuhrsteuer erlaubt (www.customs.gov.sg). Reisende aus Deutschland und Österreich dürfen Waren im Wert von 300 €, bei Flugreisen von 430 € abgabenfrei mit nach Hause nehmen, Reisende aus der Schweiz im Wert von 300 SFr. Die Waren müssen für den privaten Gebrauch vorgesehen sein. Tabakwaren und Alkohol bleiben in bestimmten Mengen abgabenfrei.
Weitere Auskünfte unter www.zoll.de, www.bmf.gv.at/zoll und www.zoll.ch.

Entfernungen (in Minuten) zwischen wichtigen Sehenswürdigkeiten

	Boat Quay	Fort Canning Park	Lau Pa Sat Market	Marriott Hotel	Ngee Ann City	Peranakan Place	Raffles Hotel	Zhujiao Centre/Serangoon Rd.	Sultan Mosque	Zoo
Boat Quay	–	10	12	12 Taxi	8 Taxi	8 Taxi	8	9 Taxi	9 Taxi	25 Taxi
Fort Canning Park	10	–	18 Taxi	15 Taxi	15 Taxi	25	20	25	25	22 Taxi
Lau Pa Sat Market	12	18 Taxi	–	15 Taxi	15 Taxi	13 Taxi	30	15 Taxi	8 Taxi	25 Taxi
Marriott Hotel	12 Taxi	15 Taxi	15 Taxi	–	3	12	10 Taxi	8 Taxi	10 Taxi	20 Taxi
Ngee Ann City	8 Taxi	15 Taxi	15 Taxi	3	–	8	8 Taxi	9 Taxi	10 Taxi	20 Taxi
Peranakan Place	8 Taxi	25	13 Taxi	12	8	–	30	30	10 Taxi	20 Taxi
Raffles Hotel	8	20	30	10 Taxi	8 Taxi	30	–	28	22	23 Taxi
Zhujiao Centre/Serangoon Rd.	9 Taxi	25	15 Taxi	10 Taxi	9 Taxi	30	28	–	18	21 Taxi
Sultan Mosque	9 Taxi	25	8 Taxi	10 Taxi	10 Taxi	10 Taxi	22	18	–	25 Taxi
Zoo	25 Taxi	22 Taxi	25 Taxi	10 Taxi	20 Taxi	20 Taxi	23 Taxi	21 Taxi	25 Taxi	–

ORTS- UND SACHREGISTER

Wird ein Begriff mehrfach aufgeführt,
verweist die **fett** gedruckte Zahl auf die Hauptnennung.
Abkürzungen: Hotel [H] · Restaurant [R]

1827 Thai [R] 82
1929 [H] 23
313@Somerset 104

Abdul Ghafoor Moschee 70
Al Jilani Restaurant [R] 121
Al-Abrar-Moschee 91, **92**
Alaturka Mediterranean & Turkish Restaurant [R] 64
Amtssprache 7, 139
Ananda Bhavan [R] 72
Anreise 148
Apotheken 151
Apps 150
Arab Street **63**, 67
Art Retreat Gallery & Museum 119
Art Science Museum!! 115
Artenschutz 35
ASEAN [Association of South East Asian Nations] 143
Asian Civilisations Museum 13, 44, 61, **115**, 117, 121, 127
Atrium@Orchard, The 121
Attica [R] 83
Auf einen Blick 138
Auskunft 149
Autofahren 55, 148, 153

Baba House 115
Bako Nationalpark [Sarawak] 134
Balaclava@ION Orchard 103
Banana Leaf Apolo [R] 28
Bangunan Sultan Ibrahim [Johor Bahru] 132
Bankenviertel 126
Bar Stories 66
Batang Ai [Sarawak] 135
Batang Ai Nationalpark [Sarawak] 135

Battle Box 100
Bay Central [Gardens by the Bay] 78
Bay East [Gardens by the Bay] 78
Bay South [Gardens by the Bay] 78
Begrünung 56
Bevölkerung 138
Billigunterkünfte 22
Blue Ginger [R] 18, 95
Boat Quay [MERIAN TopTen] 13, **44**, 53, 61, 76, 82, 83, 126
Boon Tong Kee Chicken Rice [R] 102
Borneo [Malaysia] 134
Botanic Garden/Botanischer Garten 14, **99**, 100
Brewerkz [R] 83
Brix 103
Bronze-Elefant 77, 127
Brooke Memorial [Kuching] 134
Buchtipps 149
Buddha Tooth Relic Temple and Museum 115
Bugis Junction Mall **122**
Bugis Street/Bugis Village **37**, 122
Bukit Timah Nature Reserve [MERIAN TopTen] **32**, 139
Bus 153
Bussorah Street 63
Butter Factory 84
Butterfly Park [Sentosa] 112

CAD Café, Design Café [R] 66
Café Le Caire [R] 65
Canning Hill 100
Casino **77**, 126
Cathy Cineleisure Orchard 104
Causeway [Johor Bahru] 132

Cavenagh Bridge 126
Centrepoint 104
Centrepoint Mall 98
Changi Airport 56, 145
Changi Prison Chapel and Museum 61, 142, **116**
Check Jawa [Pulau Ubin] 131
Cherry Garden [R] 83
Chesed-El-Synagoge 99
Chettiar's Temple/Sri Thandayuthapani Temple 99, **102**
Chijmes 78
China Square [R] 96
Chinatown 90
Chinatown Heritage Centre 51, **116**
Chinese Garden [Jurong] 111
Chinesische Küche 26
Chulalongkorn, König von Siam 77, 127
City Cards 149
City Hall 76, **127**
CityLink Mall 35
Civilian War Memorial/Chopsticks **78**, 124
Clans [Chinatown] 91
Clarke Quay [MERIAN TopTen] **45**, 53, 83
Coffee Bean & Tea Leaf, The 83
Colonial District und Marina Bay 76
Conrad Centennial Hotel [H] 23, 125
Court House [Kuching] 134
Crawford, John 89
Crazy Elephant 45
Cuppage Road [R] 102

Deepavali [Lichterfest] 49
Diplomatische Vertretungen 149
Drachenbootfest 48

IHRE MEINUNG IST UNS WICHTIG!

Wir möchten mit unseren Reiseführern für Sie und Ihre Reise noch besser werden. Nehmen Sie sich deshalb bitte kurz Zeit, uns einige Fragen zu beantworten. Als Dankeschön für Ihre Mühe verlosen wir traumhafte Preise unter allen Teilnehmern.

1. PREIS
Eine zweiwöchige Fernreise für zwei Personen

2. PREIS
Wochenend-Trip in eine europäische Hauptstadt

3. PREIS
Je einen von 100 Reiseführern Ihrer Wahl

Mitmachen auf
www.reisefuehrer-studie.de

Oder QR-Code mit Tablet/Smartphone scannen

MERIAN
Die Lust am Reisen

Teilnahmebedingungen: Teilnahmeschluss 31.12.2015; teilnahmeberechtigt sind alle Personen, die das 18. Lebensjahr vollendet haben, mit Ausnahme der Mitarbeiter der TRAVEL HOUSE MEDIA GmbH und deren Angehörige. Der Rechtsweg ist ausgeschlossen. Der Gewinn ist nicht übertragbar und nicht gegen Bargeld einlösbar. Die Gewinner werden schriftlich benachrichtigt. Wir versichern Ihnen, dass Ihre Daten den Bestimmungen des Bundesdatenschutzgesetzes (BDSG) unterliegen und keinem Dritten zugänglich gemacht werden. Fotos v.l.: fotolia©Pakhnyushchyy; fotolia©elenaburn

Dragon Mountain Temple/ Leong San See Buddha Temple 70
Dragon Trail [Sentosa] 112
Durianfrucht 18, **29**, 95, 107

East India Company 62, 87, 140
Einheimische empfehlen 60
Einkaufen 34
Einkaufsparadies Singapur 38
Emerald Hill Road 104
Equinox [R] 29
Esplanade – Theatres on the Bay [MERIAN TopTen] 42, 45, 77, **78**, 126
Esplanade [R] 83
Esplanade Drive 81, 127
Esplanade Mall 125
Esplanade Outdoor Theatre 45, 85
Essen und Trinken 26
Essmärkte **27**, 122

Fancourt, Olivia Mariamne 87
Far East Plaza 104
Far East Square [R] 96
Farquhar, William 62, **88**
Feiertage 150
Feste feiern 46
Float@Marina Bay, The **85**, 126
Flohmarkt 97
Food courts 27
Formel 1 9, 23, 47, **48**, 61, 125, 145
Fort Canning Hill 99
Fort Canning Park 100
Fort Siloso [Sentosa] 113
Forum The Shoppingmall 104
Fotografieren 150
Fountain of Wealth 125
Four Seasons Hotel Singapore [H] 23
Fullerton Hotel [H] 24

Garden City Singapur 7, **54**, 145
Gardens by the Bay 9, **78**, 126
Geld 150
General Post Office 126
Geschichte 140
Getränke 27
Gewürze 27, **36**, 75

Ghafoor, Abdul 70
Glow Juice Bar and Café [R] 31
Gokul Restaurant [R] 72
Good Luck Spice Mart 75
Goodwood Park Hotel [H] 24
Gourmetküchen 8
Grüner reisen 30
Guang Xu, Kaiser der Qing-Dynastie 94
Gunung Gading Nationalpark [Sarawak] 135

Haji Lane 63, **64**
Hakka Fuk Tak Chi Temple 90, **92**
Halia [R] 29
Handeln 34, **40**
Hang Out@Mt.Emily [H] 24
Hastings, Lord Warren 88
Hawker Centre 27
Heeren Shops, The 104
Helix [Marina Bay] 80
High Tea im Raffles Hotel 52
Hong San See Temple 99, **100**
Hotels 8, 23
Hull, Sophia 87
Hygiene 27, 28, 109

Ice Cream Man, The 66
Indische Küche 27
Indonesische Küche 27
ION Art Gallery 101
ION Orchard 35
ION Sky 17, 18, **101**, 102
Islamic [R] 65
Istana Besar [Johor Bahru] 133
Istana Kampong Glam/Malay Heritage Centre 63, **64**
Istana/Palast des Präsidenten 24, 63, 99, **121**
Itagaki, Seishiro [General] 76, **127**

Jackson, Philip [Lieutenant] 68
Jalan Abdullah Ibrahim [Johor Bahru] 132
Jalan Wong Ah Fook [Johor Bahru] 133
Jamae (Chulia) Moschee 91, **92**
Japanese Garden [Jurong] 111

Jiang-Nan Chun [R] 31
Jinriksha Station 92
Johor, Sultan von 88, **132**, 140, 141
Johor Bahru 132
Jungle Tandoor, The [R] 72
Jurong Bird Park [Jurong] 111

Kaderpillai 93
Kailsash Parbat [R] 72
Kampong Glam 62
Kampong Glam Café [R] 65
Kaugummi 55, 107, **108**, 143, 144
Klima 152
Komala Vilas [R] 72
Kopi Tiam [Coffeeshop] 27
Kopitiam [R] 29
Kotaraya-Mall [Johor Bahru] 132
Krankenhaus 151
Ku Dé Ta [R] **43**, 61, 83
Kuching [Sarawak] 134
Kulinarisches Lexikon 146
Kultur und Unterhaltung 42
Kusu 49, **130**

Lage und Geografie 138
Langhäuser der Dayak [Sarawak] 135
Lantern Bar 43
Larkin [Johor Bahru] 132
Lau Pa Sat Market/Telok Ayer Market 29, **94**
Lazarus Island 130
Leong San See Buddhist Temple/Dragon Mountain Temple 70
Liat Towers 104
Lichtspektakel am Marina Bay Sands Hotel 14, 81
Line, The [R] 29
Links 150
Littering/Verunreinigung 107
Little India 36, **68**
Live Turtle & Tortoise Museum 18, 111
Livemusik 24, 42, **44**, 61, 74
Long Bar [Raffles Hotel] 122
Loong, Lee Hsieng 145

Orts- und Sachregister | 157

Lucky Plaza 36
Luxushotels 23

MacPherson, Ronald [Colonel] 82
Madras New Woodlands [R] 73
Malay Heritage Centre/Istana Kampong Glam 63, **64**, 67
Malaysische Küche 27
Mandarin Gallery 105
Manhattan Bar [R] 19, 103
Marina Barrage 17, 80
Marina Bay Sands Hotel [H] 7, **24**, 53, 77, 81, 126, 145
Marina Promenade 14, 77
Marina Square 84
Marina Square Shoppingmall 125
Markt [Johor Bahru] 133
Märkte 8, 32, 37, 67, 75, 93, 98, 122, 132, 133
Maxwell Food Centre [R] 61, **96**
Medizinische Versorgung 150
MERIAN Momente 12
Merlion [MERIAN TopTen] 53, 77, **80**, 127
Mezza 9 [R] 29
Mietwagen 153
Millenia Walk 84
MINT Museum of Toys 116
Mit allen Sinnen 50
Mit dem Auto 148
Mit dem Flugzeug 148
Mit dem Schiff 148
Mit dem Zug 148
Mooncake Festival 48
Mount Faber [MERIAN TopTen] 18, 19, **112**
Mount Imbiah [Sentosa] 112
Mountbatten, Lord Louis [Admiral] 76, **127**
MRT [Schnellbahn] 7, 55, 108, 111, **153**
Museen und Galerien 114
Museum Pioneers of Singapore [Sentosa] 113
Museum Shop 37
Mustafa Centre 36
Mustafa Mall 69
Mustard [R] 73

Nagore-Durgha-Schrein 91, **92**
National Library 122
National Museum of Singapore 116
National Orchid Garden 99
Nationalfeiertag 48
Naturerlebnis im Botanischen Garten 14, **99**, 100
Naturmedizin 97
Naturparadies Borneo in Malaysia 134
Nebenkosten 151
Nei Yue Tang Buddhist Museum 116
Neu entdeckt 16
Neujahrsfest 47
New Asia Bar 43
Ngee Ann City 105
Night Safari [MERIAN TopTen] 111
Notruf 151

Oberster Gerichtshof/Supreme Court 76, **127**
Öffnungszeiten 35
On Top of Singapore 12, 44
One-Ninety [R] 102
Opera Gallery 119
Orchard Central 105
Orchard Road [MERIAN TopTen] 7,
Orchard Road und River Valley 98
Original Singapore Walks, The 52

Padang 124
Paragon 105
Park Mall 105
Parliament House 76, 127
Pasar Bella Market [Bukit Timah] 19, 32
Paulaner Brauhaus [R] 83
Pearl Hill 93
Pearl, James 93
People's Park Complex 93, 97
Peranakan Museum 117
Peranakan Place 104
Pilgerfahrt nach Kusu **49**, 130
Plaza Singapura 99, **105**, 121

Politik und Verwaltung 139
Post 151
Prince of Wales [R] 74
Pulau Ubin 130
Punjab Bazaar 75

Que Pasa 104

Raffles Avenue 125
Raffles City Shopping Centre 84
Raffles Grill [R] 83
Raffles Hotel [MERIAN TopTen] **24**, 52, 77, 81
Raffles Landing Site 13, 44, 76, 81, 86, **127**
Raffles, Ella Sophia 88
Raffles, Sir Thomas Stamford Bingley 44, 62, 72, 81, **86**, 100, 140
Rafflesia arnoldii 86, 89, 134, 135
Rahman, Tengku Abdul [Temenggong] 88
Raj Restaurant [R] 73
Ramsey, Gordon 61
Rasool Shop 75
Rauchen 107, **151**
Red Dot Design Museum 118
Regent, The [H] 31
Regionale Spezialitäten 27
Reise- und Businessknigge 151
Reisedokumente 151
Reisekleidung 151
Reisewetter 152
Religion 139
Rendezvous Grand Hotel [H] 121
Restaurants 27
Rice Table, The [R] 102
River Safari [Mandai/Seletar] 17, 112
Roti Prata 12, 27, 28, 63, 121

Sacred Heart Kirche 99
Sakaya Muni Buddha Gaya/Temple of 1000 Lights 72
Sale/Ausverkauf 41, **47**
Salt Grill & Sky Bar [R] 18, 102
Sang Nila Utama, Prinz 80, 140
Sarawak [Borneo] 134

Sarawak Museum [Kuching] 134
Scarlet, The [H] 25
Schnellbahn [MRT[7, 55, 108, 111, **153**
School of the Arts 121
Semenggoh [Orang-Utan-Station, Kuching] 135
Sentosa [MERIAN TopTen] 15, 112
Serangoon Road 13, 36, 68, 69, 74, **75**
Service 148
Shah, Hussein Mohammed 88
Shaw House 105
Shaw Theatres 105
Shoppes at Marina Bay Sands, The [MERIAN TopTen] **36**, 126
Shoppingmalls 35, 39
Sim Lim Tower 75
Singapore Art Museum 15, **118**
Singapore City Gallery 94
Singapore Coins and Notes Museum 119
Singapore Discovery Centre 119
Singapore Flyer **81**, 82
Singapore Handicraft Centre 97
Singapore Indian Fine Arts Society 75
Singapore Philatelic Museum 119
Singapore River 43, 45, 54, 57, 68, 77, 80, 81, 82, 83, 126, 145
Singapore Science Centre 119
Singapore Sling 81
Singapur vom Wasser aus erkunden 52
Sir Stamford Raffles 44, 62, 72, 81, **86**, 100, 140
Sky on 57 44
SkyPark 23, 43, 44, **77**, 83, 126
Sleepy Sam's [H] 25
Southern Ridges [Mount Faber] 19, 112
Spaziergang 120
Sprache 139
Spuds & Aprons [R, Mount Faber] 18, 112

Sri Mariamman Temple 49, 51, 91, **94**
Sri Srinivasa Perumal Temple 70
Sri Thandayuthapani Temple/Chettiar's Temple 99, **102**
Sri Veerama Kaliamman Tempel 13, **70**, 72
St. Andrew's Cathedral **82**, 123
St. John's Island 130
Stadtführungen 152
Strände 53
Strom 153
Sultan Abu Bakar Moschee [Johor Bahru] 133
Sultan Abu Bakar Museum [Johor Bahru] 133
Sultan Mosque 64
Summerview Hotel [H] 25
Sumner, John 88
Sungai Buloh Wetland Reserve 33
Suntec City Mall **82**, 84, 125
Supertrees 57, 78, 79, 126
Supreme Court/Oberster Gerichtshof 76, **127**
Surrender Chamber 113
Swissôtel The Stamford Hotel [H] 13, 29, 43, 122, 123

Tambuah Mas [R] 103
Tandoori Corner [R] 73
Tanglin Shopping Centre 105
Tangs Shopping Centre **32**, 98
Taxi 55, **154**
Tea Chapter 18, 97
Tekka Hawker Centre 69, **74**
Telefon 153
Telok Ayer Market/Lau Pa Sat Market 93
Telok Ayer Street 68, 90, 91, 92, 93
Temasek [Königreich] 140
Temple of 1000 Lights/Sakaya Muni Buddha Gaya 72
Thaipusam 23, 46, **47**, 102
Thian Hock Keng Temple 91, **94**
Thimithi **49**, 51
Thistle Hotel [H, Johor Bahru] 133

Tian Tian Hainanese Chicken Rice Foodstall 61, **97**
Tiffany & Co. 84
Tong Boon, Ngiam 81
Tong, Goh Chock 144
Traveller trees 122
Trinkgeld 153
Trinkwasser 153
Tua Pekong Temple [Kusu] 130

Übernachten 22
Überwachungsstaat Singapur 8, **106**
Umweltbewusstsein 9, **31**, 32, 55, 94
Underwater World Aquarium [Sentosa] 15, 113
Universal Studios [Sentosa] 113

Vanda Miss Joaquim [Nationalblume] 60
Verbote/Gebote 8, 106
Verbrauchssteuer [GST] 35, **41**
Verge, The [Tekka Mall] 69, **75**
Verkehr 153
Vesak Day **47**, 72
Victoria Theatre Concert Hall **85**, 127
Videoüberwachung 107

Währung 139, 143
Wak Hai Cheng Bio Temple 90
Wallace, Alfred Russel 6
Warong Nasi Pariaman [R] 65
Weekend Flea Market China Square 97
Wheelock Place 105
Whoolner, Thomas 81
Wirtschaft 139

Yew, Lee Kuan 7, 56, 57, 142, **143**

Zam Zam [R] 65
Zeitschriften 154
Zeitungen 154
Zhujiao Centre 69
Zoll 39, **154**
Zoological Gardens [Mandai/Seletar] 111
Zouk 104

Impressum | 159

Liebe Leserinnen und Leser,

vielen Dank, dass Sie sich für einen Titel aus unserer Reihe MERIAN *Momente* entschieden haben. Wir wünschen Ihnen eine gute Reise. Wenn Sie uns nun von Ihren Lieblingstipps, besonderen Momenten und Entdeckungen berichten möchten, freuen wir uns. Oder haben Sie Wünsche, Anregungen und Korrekturen? Zögern Sie nicht, uns zu schreiben!

Alle Angaben in diesem Reiseführer sind gewissenhaft geprüft. Preise, Öffnungszeiten usw. können sich aber schnell ändern. Für eventuelle Fehler übernimmt der Verlag keine Haftung.

© 2015 TRAVEL HOUSE MEDIA
GmbH, München
MERIAN ist eine eingetragene Marke der
GANSKE VERLAGSGRUPPE.

TRAVEL HOUSE MEDIA
Postfach 86 03 66
81630 München
merian-momente@travel-house-media.de
www.merian.de

Alle Rechte vorbehalten. Nachdruck, auch auszugsweise, sowie die Verbreitung durch Film, Funk, Fernsehen und Internet, durch fotomechanische Wiedergabe, Tonträger und Datenverarbeitungssysteme jeglicher Art nur mit schriftlicher Genehmigung des Verlages.

BEI INTERESSE AN MASSGESCHNEIDERTEN MERIAN-PRODUKTEN:
Tel. 0 89/4 50 00 99 12
veronica.reisenegger@travel-house-media.de

BEI INTERESSE AN ANZEIGEN:
KV Kommunalverlag GmbH & Co KG
Tel. 0 89/9 28 09 60
info@kommunal-verlag.de

1. Auflage

VERLAGSLEITUNG
Dr. Malva Kemnitz
REDAKTION
Anne Köhler
LEKTORAT
Rosemarie Elsner
BILDREDAKTION
Dr. Nafsika Mylona, Henrike Schechter
SCHLUSSREDAKTION
Gisela Wunderskirchner
HERSTELLUNG
Bettina Häfele, Katrin Uplegger
SATZ
Nadine Thiel, kreativsatz, Baldham
REIHENGESTALTUNG
Independent Medien Design, Horst Moser, München (Innenteil), La Voilà, Marion Blomeyer & Alexandra Rusitschka, München und Leipzig (Coverkonzept)
KARTEN
Gecko-Publishing GmbH für MERIAN-Kartographie
DRUCK UND BINDUNG
Firmengruppe APPL, aprinta Druck, Wemding

TRAVEL HOUSE MEDIA
Ein Unternehmen der
GANSKE VERLAGSGRUPPE

PEFC
PEFC/04-32-0928

BILDNACHWEIS
Titelbild (Marina Bay Sands Hotel): Mauritius Images: J. Warburton-Lee
2011 Rory Daniel 22 | arkivi UG 160 o. | Avenue Images: T. Cockrem 68, R. Fuste 53, J. Garcia/agefotostock 128/129, Thye Gn 95, M. Gottschalk 120, J. Greenberg/agefotostock 90 | AWL Images: G. Hellier 2, J. Mishra/Delimont 136/137 | Bildagentur Huber: M. Borchi 10, 76, R. Schmid 4/5, 26 | Corbis: C. Kober/Robert Harding World Imagery 19, A. Mares-Manton/Asia Images 49, D. McLain/Aurora Photos 16, L. Tettoni/Robert Harding World Imagery 50 | dpa Picture Alliance 17, 62, epa How Hwee Young 138, United Archiv 142 r. | Fotolia 13 r., S. Bidouze 33, bubykung 124, R. Carey 110, deming9120 143, fazon 145 r., D. Gn 103, S. Gurney 127, A. Moulin 135, PeJo 131 | Gemeinfrei 106, 140 r. | Getty Images 12, 14, 46, R. Bush/Collection: Photolibrary 15, C. Groenhout 80, Maremagnum 11 u., 98, M. Mok/Collection: Asia Ima 52, Singapore School 117 | Imago: United Archives Internatio 141 | Jacklee (CC BY-SA 3.0) 140 l. | Laif: T. Gerber 54, L. Maisant/hemis.fr 6, 13 l., 42, 114, 118, E.Martin/Le Figaro Magazine 20/21, K. Tay/Polaris 144 | Lookfoto: E. Fleisher 74, M. Zegers 34 | Mauritius Images: Alamy 51, 58/59, 66, 73, 86, 142 l., Prisma 38, S. Vidler 96 | M. Pössel (CC BY-SA 3.0) 145 l. | Raffles Hotels & Resorts 11 o., 25, 37, 85 | Privat 60 o., 61 l., 61 r. | Schapowalow: B. Morandi/SIME 160 u., R. Schmid 11 m., 45 | Shutterstock: foto76 30, A. Grzegorczyk 18, E. Lim 60 u.

SINGAPUR GESTERN & HEUTE

In den 1860er-Jahren war der stromaufwärts der Mündung des Singapore River gelegene **Boat Quay** (▶ MERIAN TopTen, S. 44) der Teil des Alten Hafens von Singapur, wo der Handel mit Waren aus aller Welt florierte. Heute spielt der Schiffshandel nur noch eine Nebenrolle, geschäftig geht es nach wie vor zu. Die alten »shophouses« wurden liebevoll restauriert, unzählige Restaurants und Bars säumen den Kai. Dahinter ragen stolz die Hochhäuser des Bankenviertels in den Himmel.